信息检索基础

主 编 李思泽 包继峰
副主编 寇克勇 段联嵩 李若冰
        王 玉 赵 伟 周 刚
        张国庆
主 审 王金国

云南大学出版社

图书在版编目（CIP）数据

信息检索基础/李思泽，包继峰主编 . —昆明：
云南大学出版社，2009
ISBN 978 – 7 – 81112 – 911 – 3

Ⅰ. 信…Ⅱ.①李…②包… Ⅲ. 情报检索—基础
Ⅳ. G928．3

中国版本图书馆 CIP 数据核字（2009）第 150770 号

信息检索基础

李思泽　包继峰　主编

责任编辑：石　可
封面设计：刘　雨
出版发行：云南大学出版社
印　　装：昆明市五华区教育委员会印刷厂
开　　本：850mm×1168mm　1/32
印　　张：5.125
字　　数：133 千
版　　次：2009 年 8 月第 1 版
印　　次：2009 年 8 月第 1 次印刷
书　　号：ISBN 978 – 7 – 81112 – 911 – 3
定　　价：13.80 元

社　　址：云南省昆明市翠湖北路 2 号云南大学英华园（邮编：650091）
网　　址：http://www.ynup.com
E – mail：market@ynup.com
电　　话：0871 – 5031071　5033244

前　言

　　信息和材料、能源一样，是构成当今世界的三大基本要素之一。中等职业学校图书馆作为知识信息的宝库、社会知识有机构成的一个重要组成部分、社会信息交流的重要渠道，在学校素质教育中起着不可替代的作用。中等职业学校图书馆以其特有的教育职能在学生的职业技能培养和综合素质的提高方面也发挥着重要职能。本着授之以鱼，不如授之以渔的思想，从学生的可持续性发展计，中等职业学校图书馆在向同学提供丰富、优质的书刊文献资料和信息资源的同时，还需帮助他们掌握快速获取、甄别信息和信息交流的方法。云南省中等职业学校资料信息管理专业委员会在省职教学会的指导下，根据时代特征和职业教育发展趋势，以提高中职学校图书馆馆员和学生信息素质为己任，组织省内9家国家级重点中等职业学校图书馆骨干人员共同编写《信息检索基础》教材。本书以基础操作为主，深入浅出，简洁清晰，旨在培养学生检索和获取资料信息的动手能力。此书既可作为向广大学生普及信息检索知识的读本，也可作为图书馆内部人员培训教材使用。

　　本书由李思泽、包继峰任主编，寇克勇、段联嵩、李若冰、王玉、赵伟、周刚、张国庆任副主编的编委会负责组织编撰工作。参加编写的有：第一章王金国，第二章王玉，第三章徐坚、陈洁，第四章赵永江，第五章李凤萍，第六章陈斌，第七章江勇，第八章解秀梅、杨剑英。王金国同志具体负责全书的统稿工作。在编写过程中，得到了楚雄应用技术学院、云南省国防工业职业技术学院、云南省财经学校、云南省旅游学校、云南省贸易经济学校、曲靖财经学校、红河州财经学校、楚雄民族中专、玉溪工业财贸学校、大理州财贸学校的大力支持，在此表示感谢。

中等职业学校开设信息检索课程在我省尚属首次，由于编者水平有限，本书难免有不妥之处，敬请广大读者指正，以便于修订，使之日臻完善。

编 者

2009年6月

目 录

第一章 信息概论 …………………………………… (1)
第一节 信息、知识、情报 ………………………… (1)
一、信　息 ……………………………………… (1)
二、知　识 ……………………………………… (2)
三、情　报 ……………………………………… (3)
四、信息、知识、情报之间的关系 …………… (4)
第二节 文献概论 …………………………………… (5)
一、文　献 ……………………………………… (5)
二、文献类型 …………………………………… (5)
第三节 检索概论 …………………………………… (10)
一、情报检索的基本原理 ……………………… (10)
二、检索语言 …………………………………… (11)
三、分类与主题检索语言 ……………………… (12)
第四节 检索工具、途径、方法和步骤 …………… (18)
一、检索工具 …………………………………… (18)
二、检索途径 …………………………………… (21)
三、检索方法 …………………………………… (22)
四、检索步骤 …………………………………… (24)

第二章 中文检索 …………………………………… (26)
第一节 工具书的特征、类型及功用 ……………… (26)
一、工具书的特征 ……………………………… (26)

· 1 ·

二、工具书的类型 …………………………………… (27)
三、工具书的功用 …………………………………… (27)
第二节 中文工具书的排检法 ………………………… (29)
一、字顺法 …………………………………………… (29)
二、分类法 …………………………………………… (29)
三、主题法 …………………………………………… (30)
四、时序法 …………………………………………… (30)
五、地序法 …………………………………………… (30)
第三节 主要工具书的介绍 …………………………… (30)
一、字典、词典 ……………………………………… (30)
二、韵书 ……………………………………………… (31)
三、类书 ……………………………………………… (31)
四、政书 ……………………………………………… (32)
五、百科全书 ………………………………………… (32)
六、年鉴、手册 ……………………………………… (33)
七、书目、索引 ……………………………………… (33)
八、表谱、图录 ……………………………………… (34)
第四节 各类工具书的使用 …………………………… (35)
一、关于字的查找 …………………………………… (35)
二、关于词语的查找 ………………………………… (35)

第三章 特种文献 ………………………………… (37)
第一节 标准文献概述 ………………………………… (37)
一、标准文献的概念 ………………………………… (37)
二、标准文献的特点与作用 ………………………… (38)
三、标准文献的种类 ………………………………… (38)
四、标准文献代号、编号及分类 …………………… (40)
第二节 标准文献的检索 ……………………………… (48)

一、标准文献的检索工具 …………………………… (48)
　　二、标准文献的检索途径 …………………………… (49)
　　三、中国标准文献主要的检索工具 ………………… (49)
　　四、国际标准文献及检索 …………………………… (56)
　第三节　专利文献及检索 ……………………………… (59)
　　一、专利的基础知识 ………………………………… (59)
　　二、专利文献的检索 ………………………………… (60)

第四章　计算机信息检索 ……………………………… (67)
　第一节　计算机信息检索的概念、特点和意义 ……… (67)
　　一、计算机信息检索的概念 ………………………… (67)
　　二、计算机信息检索的特点 ………………………… (69)
　　三、计算机信息检索的意义 ………………………… (70)
　第二节　计算机信息检索系统的构成与使用 ………… (71)
　　一、计算机信息检索系统的构成 …………………… (71)
　　二、计算机信息检索系统的基本类型 ……………… (72)
　　三、数据库的类型 …………………………………… (73)
　　四、数据库的基本结构 ……………………………… (75)
　　五、计算机信息检索的服务方式 …………………… (76)
　　六、计算机信息检索的基本方法与步骤 …………… (77)
　　七、常用的联机系统检索指令 ……………………… (78)
　　八、检索策略的编写方法 …………………………… (78)

第五章　光盘检索 ………………………………………… (83)
　第一节　光盘的定义及光盘检索的特点 ……………… (83)
　　一、光盘的定义 ……………………………………… (83)
　　二、光盘检索的特点 ………………………………… (84)
　第二节　光盘检索系统 ………………………………… (84)

一、光盘检索系统的定义及构成 …………………… (84)
　　二、光盘检索的优势和局限性 ……………………… (84)
　第三节　光盘检索数据库 ……………………………… (85)
　　一、中文光盘检索数据库 …………………………… (85)
　　二、英文光盘检索数据库 …………………………… (87)

第六章　互联网信息检索 ………………………………… (89)
　第一节　概　述 ………………………………………… (89)
　　一、互联网提供的主要服务 ………………………… (89)
　　二、互联网信息检索的特点 ………………………… (92)
　第二节　互联网信息检索步骤及过程 ………………… (92)
　　一、互联网信息检索步骤 …………………………… (92)
　　二、互联网信息检索的过程 ………………………… (95)
　第三节　Internet 检索工具及常用搜索引擎的简介 …… (96)
　　一、Internet 检索工具 ……………………………… (96)
　　二、常用搜索引擎简介 ……………………………… (97)
　第四节　网上全文电子期刊及中文数字图书网的查找
　　　　　方法 …………………………………………… (103)
　　一、网上全文电子期刊的查找方法 ………………… (103)
　　二、中文数字图书网的查找方法 …………………… (104)

第七章　报刊资料检索 …………………………………… (106)
　第一节　概　述 ………………………………………… (106)
　第二节　报刊书目数据库 ……………………………… (107)
　　一、《全国报刊索引数据库》简介 ………………… (107)
　　二、《全国报刊索引数据库》的特点 ……………… (108)
　　三、检索系统的使用 ………………………………… (109)
　第三节　全文电子报刊数据库 ………………………… (127)

一、电子报刊的发展概况 …………………………………（127）
　二、中国期刊全文数据库 …………………………………（128）

第八章　读者服务工作 ………………………………………（142）
　一、读者的概念和特点 ……………………………………（142）
　二、读者工作的意义及内容 ………………………………（144）
　三、图书馆读者和读者服务工作 …………………………（148）
　四、适应图书馆的发展，提高在职人员素质 ……………（151）

参考文献 ……………………………………………………（153）

第一章 信息概论

第一节 信息、知识、情报

一、信 息

人们把当今时代称为"信息时代",信息(Information)一词在 19 世纪末就提出了,人们在日常生活中广泛使用着"信息"。信息开始是作为通信科学的概念,后逐步被广泛应用于各个科学领域。人们从不同角度对信息作出了各种定义:信息从字面上理解,信即信号,息即消息,通过信号带来的消息就是信息;信息是一种消息,通常以文字或声音、图像的形式表现,是数据有意义的关联排列的结果;信息由意义和符号组成;信息是指以声音、语言、文字、图像、动画、气味等方式所表示的实际内容;信息是客观事物状态和运动特征的一种普遍形式,客观世界中大量存在,产生和传递着以这些方式表示出来的各种各样的信息;信息的目的是用来"消除不可靠的因素"等。信息的定义在学术界众说纷纭,有百余种之多。现在普遍对信息定义认可为"信息是客观世界的一切事物(包括自然界和人类社会)发生的消息、信号及信号中所包含的指令、数据及其他内容的总称。"

信息的意义和作用:避免重复劳动和资源浪费;提供迅速准确的检索方法。

信息的分类按信息源的性质分为自然信息和社会信息。

自然信息是指自然界、宇宙天体中万事万物所产生的彼此交流的信息，信息载体纯属自然存在的物质，没有人为的痕迹。如湖光山色、风吹雨打等都是自然信息。

社会信息是指人类从事各种社会活动所产生和彼此交流的信息。如人类社会活动中使用的语言文字、图形符号等都是社会信息。社会生活的反映，具有鲜明的目的性和有用性。

随着现代科学的不断发展，信息和材料、能源一样，是构成世界的三大基本要素，是人类现代文明的重要因素。人类不断认识信息，掌握信息，传递信息，生产信息，并用这些信息为人类服务。人们正是通过获得信息来区别不同事物，从而认识事物，改造事物的。由于信息在人们生活和生产中广泛得到应用，也愈显示出它作为现代科学技术的重要地位。

二、知　识

《辞海》中对知识（Knowledge）的解释为"人类认识的成果或结晶"。《现代汉语辞典》中对知识的解释为人们在社会实践中所获得的认识和经验的总和。

信息通过人脑的加工整理成为知识（如图 1-1），知识通过人脑的加工变成新的信息。

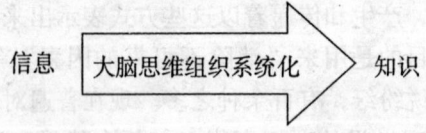

图 1-1　信息、知识的转换

知识是信息中最有价值的部分，知识的本质是信息。

三、情报

情报（Intelligence Information）是外来语，主要指"信息、资讯、消息"。情报的定义大都与信息、知识有关；如情报是"被人所利用的信息"；情报是"被人们感受并可交流的信息"；情报是"为了解决一个特定问题所需要的知识，借助语言、符号在载体上传递的知识"；"情报是有用的或被认为是有用的知识（数据）"等。将几十种说法的情报定义归纳起来普遍认为，"情报是人们基于某种需要而传递的知识信息"。

情报来源于各行各业及日常生活，但是最重要的情报来源于科学研究，又能动地作用于科学研究，成为推动促进科学技术发展的一个重要因素。一项科学研究，通常是从利用现有情报开始，产生新的情报结束。

情报来源于人类社会的实践。自从有了人类，就有了情报和情报的交流活动。人类正是在不断认识、改造自然与社会的过程中，在物质生产与科学实验的实践中，源源不断地创造、交流与利用着各种各样的情报。分析研究情报的属性，有助于加深对情报概念的理解。一般认为，情报具有三种属性：

1. 情报的知识性

人们在生产和生活活动中，通过各种媒介手段（书刊、广播、会议等），随时都在接收、传递和利用大量感性和理性知识，这些知识中就包含着人们所需要的情报。所以说任何情报都是知识，知识是情报的原材料。不是任何知识都是情报，知识只有在经过加工整理后，为用户所利用才被称为情报。

2. 情报的传递性

知识、信息要靠情报来传递，通过情报传递使人们获取新的知识和信息的途径。钱学森说：情报是激活的知识，也就是说情报的传递性，使知识由静态变为动态情报。人们无论有怎样渊博的知识，如果不进行传递和交流，就不能称为情报。情报传递必须借助于一定的物质形式才能传递和利用，如声波、电波、印刷品等。

3. 情报的效用性

我们获取情报的目的在于应用，通过利用产生效用。如我们在科研、生产、商贸等方面得到有用的情报就会产生效用。情报的效用性表现在：启迪思想、开阔眼界、增进知识、改变知识结构、提高认识能力、帮助我们改造世界，发挥其实用价值。

四、信息、知识、情报之间的关系

人类通过信息来认识世界、改造世界，又根据所获信息组成知识。可见，知识是信息的一部分，而信息则是构成知识的源泉。情报是作为交流对象的有用知识，情报来自于知识，是知识的一部分。所以，信息＞知识＞情报。情报的本质是知识，知识的本质是信息。它们之间的关系如图1-2所示。

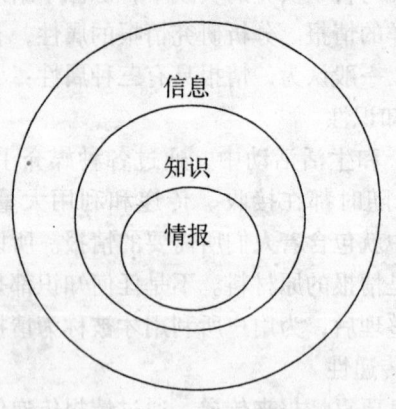

图1-2 信息、知识、情报之间的关系

第二节 文献概论

一、文　献

文献（Documents，Literature）是用文字、图形、符号、声频、视频等技术记录人类知识的载体。无论哪种形式的交流和传递，现阶段还不能脱离文献。因为文献流传历史久远，具有广泛的社会性、直观性，可以重复使用，便于携带阅读和传递，是人们习惯接受的载体。文献也是科学实验与生产实践的真实记载，是人类对客观世界知识的提炼与概括。情报是知识中的一部分，文献是情报的一种载体，文献是情报的主要物质形式，情报是内容，文献是载体。

文献不是人类之初就有的，它经历了一个不断发展的过程：文字发明前是自然记忆阶段，又称为第一阶段。如：结绳记事、锲刻和图画。文字发明后在没有发明纸之前载体材料五花八门，如甲骨、青铜器、石刻文字、竹木简牍、缣帛等。这是刻画阶段，也是第二阶段。随着纸的出现，印刷术的发明，文献得到极大的改善，出现了大量图书，这是第三阶段。第四阶段以计算机和网络为代表，出现视听型、缩微型、机读型等多媒体信息交流文献，这个阶段为新技术阶段。

二、文献类型

知识是文献的实质内容，载体是文献的外在形式。因其形式或加工程度的不同，文献具有不同的类型。

（一）文献按载体类型划分

1. 印刷型文献

印刷型文献（printed form）是指印刷在纸张上的一类文献，

它是记录知识的一种传统方式。如：图书、期刊、报纸等印刷资料，它的优点是便于流传阅读，不受时间、地点和条件的限制，广泛流传。缺点是体积大，信息密度低，易裂易破，收藏、整理、保管比较麻烦。

2. 缩微型文献

缩微型文献（micro form）利用光学摄影技术，把文献记录或缩小在感光胶片上，缩微型文献有缩微胶片、缩微胶卷、缩微平片等。其优点是体积小，重量轻，存储量大，节省书库空间，便于保存、转移。缺点是必须借助于缩微阅读机。

3. 视听型文献

（audio-visual form）是一种非文字的文献，文字以唱片、录音带、光盘、幻灯片等形式表现。其优点是声音和图像，给人以直感，使人闻其声、观其形，易保存，可反复使用。缺点是要借助录音机、录像机等设备才能使用。

4. 电子型文献

电子型文献（electronic form）又叫机读型文献，这种文献是记录在磁带、磁盘和光盘或网络上用计算机进行阅读。其优点是储存容量大、存取快、长期保存、多次使用原始记录可以修改。缺点是设备昂贵，使用费用高。

近年来出现的电子文献，它将声音、图像、文字、数据录入光盘硬盘等其他材料上，其发展有着广阔的前景，而且其发展速度惊人，是人类获取知识的又一条新路径。

（二）文献按级别划分

文献按内容加工层次划分为零次文献、一次文献、二次文献、三次文献。

1. 零次文献（non-printed document）

零次文献是指未经任何加工的原始文献，未经出版发行的文献。如：口头交流资料、书信、手稿、实验记录、原始录音、原始录像等。零次文献在原始文献的保存，原始数据核对等方面有重要作用。

2. 一次文献（primary document）

一次文献又称原始文献，指首次发表的原始文献，作者根据自己的经验和研究成果而形成的文献，如：期刊论文、研究报告、会议文献、专利说明、学位论文、技术报告、实验室记录、设计方案、产品样本及产品说明等。一次文献具有新颖性、创造性和系统性等特征。一次文献是文献检索的直接对象，文献检索的直接目标就是找出所需的一次文献。

3. 二次文献（secondary document）

二次文献是对一次文献进行加工、提炼和压缩整理而成的文献。因为一次文献大量分散、无序，要变成有序，需要鉴别、筛选和加工整理，是经过再加工和重组的知识信息，而不是新创立的知识。它以不同的深度揭示一次文献，使一次文献便于人们掌握，较好地利用。如：书目、索引、文摘简介等检索工具。

4. 三次文献（tertiary document）

三次文献在利用二次文献基础上，对一次文献再度筛选、分析研究后，再次加工出来的成果。如：综述、述议、进展报告、数据手册、书签、百科全书、辞典、专著、指南等。

零次文献是一次文献的素材，一次文献是二次文献、三次文献最基本的信息源。

从一次文献到二、三次文献，是一个由分散到集中，从无序、无组织到有序、系统化的加工整理过程，是对文献进行浓缩的过程。

（三）文献按出版形式划分

文献根据出版类型分为十类：图书、期刊、科技报告、会议文献、专利文献、标准文献、学位文献、产品技术资料、技术档案、政府出版物。

1. 图书

图书（Books）是论述或介绍某一领域的出版物。图书分为教科书、工具书、专著等。图书是人类积累、存储和传播知识的重要文献。图书提供的资料比较系统、全面，一般是经过作者对原始文献进行选择、核对、鉴别和综合而写成的。所以比较成熟、可靠，可以使读者获得广泛的知识。缺点是出版周期较长，报道速度相对较慢。图书国际标准书号 ISBN 由组号、出版者号、书名号和校验号组成。

2. 期刊

期刊（Journal, periodical）有固定的刊名，是定期或不定期的连续出版物。期刊开本一致，有卷、期号或年月顺序号，每期内容不重复。期刊的优点：出版量大、品种多、流道广、稿源丰富、内容新颖、报道速度快、信息含量大，是科技情报、艺术交流最基本的文献形式。期刊国际标准刊号 ISSN 由 8 位数字组成，前 7 位是期刊代号，后一位是校验号。

3. 科技报告

科技报告（Report）是表述实验、研究鉴定等工作成果的报告。它反映的科学研究、实验技术、革新成果，比期刊的论文快得多，新颖详尽、可靠、出版周期短。由于它具有一定的保密性和内容的高度专门化，一般都采用分别出版单行本的办法，而且有统一编号。科技报告一般分为基础理论研究和生产技术两大类。如著名的美国四大科技报告：AD 报告（军事）；NASA 报告（宇航）；PB 报告（政府）；DE 报告（能源）。

4. 会议文献

会议文献（Conferences, Proceedings）指在国内外专业性学术会议上发表的论文。特点：会议文献学术性强，能代表某一领域内的最新成就，反映国内外科技发展的趋势，文献针对性强，信息传递速度较快。会议文献分会前、会中、会后文献。

5. 专利文献

专利（Patent）文献是指发明人向专利局递交说明自己创造技术的说明书。专利文献包括专利说明书、专利公报（专利摘要）等。只有符合新颖性、创造性、实用性的发明创造才能获得专利权，受到法律的保护。

6. 标准文献

标准（Standard）文献是标准化工作的文件，是指技术标准、技术规格和技术规则等的文献的总称。标准文献是规定人们从事科学实验、工程设计、生产建设、产品流通、技术转让及组织管理时共同遵守的技术依据，在工农产品质量检验、零件通用、节约原材料、提高生产率等方面具有指导性的作用。

7. 学位论文

学位论文（Dissertation）是指高等学校或单位的研究生申请学位提交的学术论文。它们经过专家审定，是带有学术性，有独到见解的文献。该文献是非卖品，一般不出版。

8. 产品样本

产品样本（Products samples）是指产商用于宣传定型产品的性能、构造、用途、使用方法及产品规格所作的说明。内容成熟，数据可靠，有内容说明、照片和构造图，直观性较强，能反映一个国家或企业生产水平，加工工艺水平，科学管理水平，如：产品说明书、产品数据册、企业介绍等。

9. 技术档案

技术档案（Technology files）是指科研生产活动中形成的，所有技术文件、图纸、图表、照片或原始记录的总称。内容包括任务书、协议书、技术指标、审批文件、研究计划、方案大纲、技术措施、调查资料、实验和工艺真实记录等。是科研生产中技术用以积累的经验。吸取教训的文献，一般内部使用，不公共发行，有些密级限制。技术档案数量大，可以直接和重复使用。

10. 政府出版物（Publications）

政府出版物指各国政府部门及其专门机构发表出版的文献，内容广泛、可靠，如科技研究报告、科普资料、技术政策、科技活动、法规文献，有一定参考价值。

第三节 检索概论

一、情报检索的基本原理

当今是信息经济时代，科学技术飞速发展。各种文献种类繁多，卷帙浩繁，浩如烟海。为尽快查找信息情报，避免重复劳动，少走弯路，开创思路及时了解与掌握国内外水平动向，要利用检索工具，满足文献信息情报用户的要求。

检索（retrieval）就是检查和获取。检索来源于英语"Information Retrieval"，也就是情报检索，又称信息检索。

存储主要把文献的外部和内部特征传递进行著录和标引，形成文献信息的特征标识，并提供主题词、分类号等供用户检索。信息情报传递过程：原始文献、二次文献、三次文献。信息情报检索顺序：三次文献、二次文献、原始文献，也可以用主题词、分类号、著者号等直接检索。

情报检索按检索对象可分为五种：数值、事实、词典、书目、全文型数据的检索。

1. 数值型数据库的检索

数值型数据库的检索（Data Retrieval）是以数值为检索对象，从已收藏数据资料中查找出特定数据的过程。如数据、图表、化学结构式、计程公式，某建筑建于何年、某山有多高、某电气的参数等。

2. 事实型数据库的检索

事实型数据库的检索（Fact Retrieval）是以事实为检索对象，查找用户所需要的描述性事实，如机构、企业、人物、历史变迁等；如世界上最大的三个国际联网情报网络的名称；我国第一枚洲际导弹成功发射的时间等。

3. 词典型数据库的检索

词典型数据库的检索（Dictionary Retrieval）是以词典为检索对象，查找用户所需要的词典数据库的资料，如公司、团体或个人、化学物质名称、电话号码、产品目录等。

4. 书目型数据库的检索

书目型数据库的检索（Biliographic Retrieval）是以书目为检索对象，用户利用书目数据查找所需资料。如：原始文献的书目、二次三次文献、原始文献篇名、作者文献出处、文献简介、文稿叙词或关键词。

5. 全文型数据库的检索

全文型数据库的检索（Documents Retrieval）是以全文为检索对象，用户利用全文数据库可获取某篇完整的信息。如诗歌、小说、科技成果论文及期刊光盘等。其检索对象是信息情报源本身，而不是信息情报的线索，因而占用空间大，系统响应速度慢。

以上五种类型的数据库，并不是绝对固定的，有些会交叉。

情报检索按组织方式可分为全文检索、超文本检索、超媒体检索。

二、检索语言

（一）检索语言的概论

检索语言是根据情报检索需要而创造的人工语言。检索语言又称标引语言，因为它是标引文献的特征的语言；也可称为索引语言，因为它是编制索引所用的语言；又可称为系统语言，因为它是情报检索系统存储与检索所使用的语言。情报检索语言，简称为检索语言。检索语言是为了提供标引人员与检索人员之间交流思想，取得共同理解的工具，也是存储和检索过程中共同使用、共同遵守的语言。

（二）检索语言的种类

检索语言按照不同的划分标准有不同种类。

检索语言按照原理划分为分类检索语言和主题检索语言。

检索语言按照文献特征分为外表特征检索语言和内容特征检索语言。

检索语言按照学科范围划分为综合性检索，语言和专业性检索语言。

检索语言按照标识形式划分为先组式检索语言和后组式检索语言。

本书主要讲分类检索语言和主题检索语言。

三、分类与主题检索语言

（一）分类检索语言

分类检索语言以科学体系为基础，将各种概念按学科性质进行分类和系统排列以分类号来表达各种概念。它是一种族性检索，反映事物的层层隶属关系，分门别类的层累号码检索体系。

等级制体系是分类的一大特色，是按门类的逻辑次序，从面到点，从一般到具体，从低级到高级，从简单到复杂的层层划分，逐级分门别类的层累制号码检索体系。分类检索语言通过分类表来表现。一部完整的分类表，大体由编辑说明、大纲、简表、详表、辅助表、索引、附录组成。

国际著名的分类法有《杜威十进制分类法》，简称 DC；《美国国会图书馆分类法》，简称 LC；《国际专刊分类法》，简称 IPC；《国际十进制分类法》，简称 UDC。

我国著名的分类法有《中国图书馆图书分类法》，简称中图法；《中国科学院图书馆图书法》，简称科图法；《中国人民大学图书馆图书分类法》，简称人大法；《中国图书资料分类法》，简称中资法。《中国图书馆图书分类法》简称中图法，至今已出版第四版。

第四版《中图法》由编制说明、大纲、简表、详表、辅助表、索引等组成。共有五大部类，22 个大类。其分类体系机构如下：

五大部类：

（1）马克思主义、列宁主义、毛泽东思想、邓小平理论。

（2）哲学、宗教。

（3）社会科学。

（4）自然科学。

（5）综合性图书。

22 个大类：

（1）马克思主义、列宁主义、毛泽东思想、邓小平理论：

A 马克思主义、列宁主义、毛泽东思想、邓小平理论。

（2）哲学，宗教：

B 哲学，宗教。

（3）社会科学：

C 社会科学总论

D 政治法律

E 军事

F 经济

G 文化、教育、科学、体育

H 语言、文字

I 文学
J 艺术
K 历史、地理
（4）自然科学：
N 自然科学总论
O 数理科学化学
P 天文学、地球科学
Q 生物科学
R 医药、卫生
S 农业科学
T 工业技术
U 交通运输
V 航空航天
X 环境科学、安全科学
（5）综合图书：
Z 综合性图书
F 大类类目划分举例：
F0 经济
F1 世界各国经济概况、经济史、经济地理
F2 经济计划与管理
F3 农业经济
F4 工业经济
F49 信息户业经济（总论）
F6 邮电经济
F7 贸易经济
F8 财政金融
F5 交通运输经济
F50 交通运输经济理论

F51 世界各国概况

F53 铁路运输经济

F54 公路运输经济

F59 旅游经济

F590 旅游经济理论与方法

F591 世界旅游事业

F592 中国旅游事业

F592.0 方针、政策及其阐述

F592.1 规划与管理体制

F592.3 旅游事业建设与发展

F592.6 旅游事企业组织与管理

F592.7 地方旅游事业

F592.9 旅游事业史

F592.99 旅游经济地理

《中图法》标记符号用汉语拼音字母与阿拉伯数字相结合的混合号编制，其优点是放在一起便于检索。

(二) 主题检索语言

主题检索语言又称主题法、主题词、主题语言，它是以规范化为标识，用参照系统显示词语间相互关系，并按字顺序列提供检索途径的一种先组式信息检索语言。它以主题词表作为文献的分类存储和检索的唯一依据。主题法提供信息全面，用户利用主题词目录，便能很快地获取所需要的有关信息。主题法有利于信息工作的自动化，专指性强，有规范化的词语主题词灵活组配，比较直观易懂，适合计算机的逻辑功能组配。缺点是文献容易被分散到各处。

主题法与分类法的区别：它们揭示事物的角度不同，主题法揭示特定事物，而分类法从事物出发揭示学科。它们的结构不同：主题法是以语言为中心，它不问学科，不论科学技术的逻辑序列，直接用主题词标识，专指性较强，便于特性检索。而分类法是族性检索。标识符号不同：主题法是以自然语言表示概念的词作为表标识。对于不同文种的检索工具一般不能组成在一起。分类法是以人为的标识符号作为标识，对于不同文献的检索工具可以互相沟通。组织方式不同：主题法不受学科体系的限制，主题之间在学科体系上不存在任何的内在联系，完全是独立的。只要客观需要，就用主题词进行组配，以达到专指的概念。分类法以类号线性序列结构为特点，反映学科之间的立体交叉关系，这种组织方式是机械的，有其局限性。

主题检索语言包括标题词语言、叙词语言、关键词语言、单元词语言。检索时用户多采用主题词、关键词和叙词。下面介绍我国主题词表。

我国大型主题词表《汉语主题词表》编于 1975 年，分为社会科学、自然科学和附表三卷，共十册。

第 I 卷：社会科学

第一分册：主表（字顺表）A—2

第二分册：索引（词组索引、范畴索引、英汉对照索引）

第 II 卷：自然科学

第一分册：主表（字顺表）A—F

第二分册：主表（字顺表）G—L

第三分册：主表（字顺表）M—T

第四分册：主表（字顺表）U—Z

第五分册：词族索引

第六分册：范畴索引

第七分册：英汉对照索引

第 III 卷：附表

全表收录主题词 108 568 个。

国外常见的主题表有美国《工程索引》用的《EI 主题表》，

英国《科学文摘》用的《INSPEC 主题词表》等。

主题检索语言主要有以下几种：

1. 标题词语言（标题法）

标题词语言是以标题词作为文献内容的标识和检索依据。它是采用规范化的自然语言，是一种先组式的检索语言，全部标识按字顺排列。例如：计算机的设备，计算机的维修等相关文章，都可以直接选择"计算机"作标题词，它们在标题词系统中都是按"计"字排列集中在一起的。任何一个标题词，都是一个完整的标识，可以独立地标引一个文献主题。

2. 单元词语言（单元词法）

单元词语言是从文献中抽取的，经过规范化的，能描述文献所论及的事物及主题的那些最小、最基本的词汇单位。单元词表达的是单元概念的组合或组配，可以表达一个完整的、复杂的概念。它具有较强语义表达能力、组配灵活，但组配时容易产生虚假组配，影响检索的准确性。

3. 叙词语言（叙词法）

叙词语言是以叙词作为文献标识和查找依据的一种检索。叙词是指描述文献内容特征的知识，而且在概念上不能再分的基本概念。

叙词法是在单元词法基础上发展起来的，两者都属于后组式情报检索语言。但它不同于单元词法字面解析的字面组配，而采用拆义的概念组配。例如：材料力学，单元词法解析为"材料"与"力学"两个单元词，检索时再把它们组合起来表达原来的概念。叙词法不能仅从字面解析为"材料"与"力学"，而应解析为"材料裂变"、"裂纹蔓延"、"裂纹扩张"等。叙词法适用于特定情报与文献系统需要的检索语言。叙词作为标引和检索人员之间的共同语言，是通过叙词表来实现的，叙词表的结构比较复杂，一般由一个主表和若干个辅助表构成，叙词字顺表是叙词表的主表。

概念组配，是将叙词表中两个以上的叙词，用一定的关系符号把它们连接在一起，以扩大或缩小其表达事物概念的本质属性。叙词用于准确描述文献的议题内容，它是以逻辑运算方法来表达的。叙词法的优点：组配准确，标引能力较强，结构完备，词汇控制严格，适用于多途径检索，检索效率高。其缺点：用户难以熟悉词表及标引规则，给使用带来不便。

4. 关键词语言（关键法）

关键词语言是直接选用文献题名、文摘或正文中抽选出来，对表现文献主题内容具有实质意义的那些词语。关键词是没有规范化的自由词，没有固定的词表，属于散组配语言。关键词不像标题词和叙词受控于规范化的语言，而是用自然语言，如：信息情报检索、可选"信息"、"情报检索"关键词。关键词的优点标引时不需主题分析或查表，简便，节省人力。取自最新的文献，及时，高效，低成本。其缺点：质量不够稳定，会导致漏检。

第四节 检索工具、途径、方法和步骤

一、检索工具

检索文献需要工具，就像打仗需要武器一样。在庞杂的文献海洋中寻求符合自己的信息，这就要利用检索工具。检索工具是用来报道、存储和查找检索文献线索的工具，具有存储和检索的功能。

按文献的外部特征进行检索的各种途径：如文献名称、作者、出处、文献序号等。

按文献的内部特征进行检索的各种途径：分类号、主题词、

叙词、关键词等。

检索工具可按二次文献的形式分成题录型和文摘型两大类。

(一) 题录型检索工具

文献的外部特征的检索工具，有题录、目录、索引。

1. 目录 (Bibliography)

目录是著录一批相关文献，按照一定的次序原则编排而成的一种揭示与报道文献情报线索的工具。目录又称书目。我国最早的书目是《七略》。目录按出版物内容可划分为图书目录、期刊目录、会议目录。按物质形式划分为卡片目录、书库目录、机读目录 (MaPc)、联机公共检索目录 (OPAC Online Public Access Catalog)。还有馆藏目录、联合目录等。例如：《全国总书目》、《全国新书目》。

2. 题录 (Title)

题录是文献中论文的篇目按照一定的排检方法编排，供人们查找篇目出处的工具。

它揭示的是文献外部特征，著录项目有篇名、作者、出处。题录的揭示深度比目录深，但又比文摘简单。只要出版发行的文献都收录，具有"广""全""快"的优点。例如：我国的《中文期刊篇名》光盘数据库，美国的《化学题录》等。

3. 索引 (Index)

索引是一种附属性的检索工具，还常叫辅助索引，是按某种检索途径编排的，如：分类索引、主题索引、关键词索引、著者索引、报告号索引等，常在检索工具之后，配套使用。索引用于检索，有揭示事物比较深，明细，全面等优点。文献数量庞大，内容复杂多样。虽然已将绝大部分加工压缩成文摘或题录等，但如果没有索引，查检起来还是很不方便。严格地讲，没有索引的检索工具不能称为完善的检索工具。

(二) 文摘型检索工具

文摘型检索工具是报道文献内容的检索工具,按文献的加工程度分为简介型检索工具和文摘型检索工具。

1. 简介型检索工具

简介型检索工具是对文摘内容作指示性报道的检索工具,是简单概述原文主题内容及目的方法的文摘形式。例如:美国《工程索引》、日本《科学技术文献速报》。其优点是出版速度快,报道容量大。

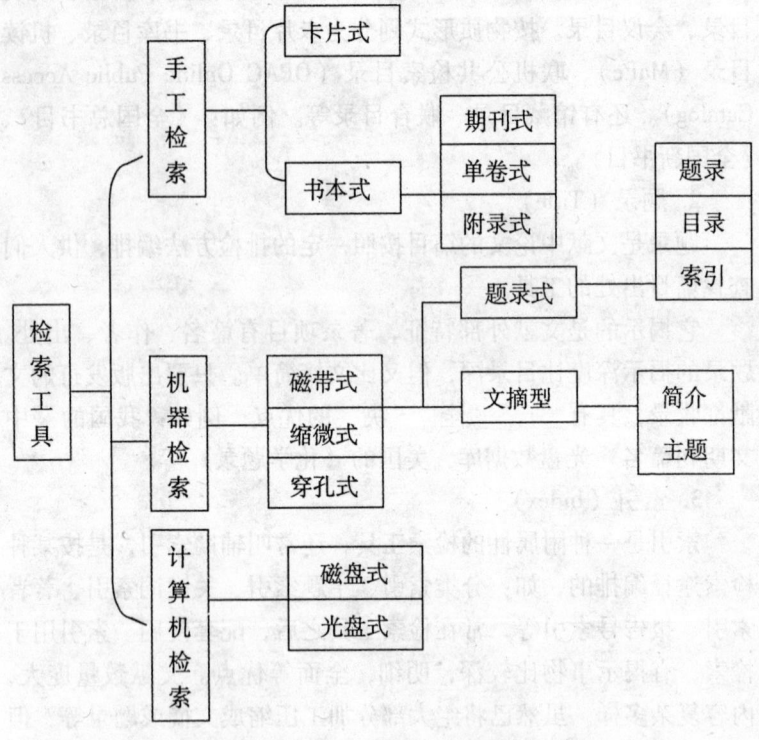

图 1-3 检索工具示意图

2. 文摘型检索工具

文摘（Abstracts）是对一份文献的内容做的简略、准确的摘要。文摘型检索工具著录项目有文献的摘要、著者、篇名的出处。其优点是选材广泛、精湛、报道及时准确。文摘一般多为专科型或专题型，如：《化学文摘》、《地质文摘》、《生物文摘》等。

检索工具门类繁多，在善于检索文献时，往往不一定清楚该使用什么工具，请看图1—3检索工具示意图。

二、检索途径

利用检索工具查找文献时，要选择合适的检索入口，也就是要选择好检索途径，少走弯路，走捷径。检索的途径种类较多，如已知学科可用分类途径，不知道的学科可用主题途径等。

（一）由文献的外部特征组织的检索途径

由文献外部特征组织的检索途径：名称、作者、序号。

1. 文献名称途径

文献名称途径是根据文献名称如：书名、刊名、篇名等来检索的途径。如：书名目录《期刊目录》、书名索引、刊名索引、书目索引、会议名称索引。它们按字顺排列（外文用字母，中文用拼音或笔画等）。

2. 文献著者途径

文献著者途径是读者可根据已知著者的姓名检索其著述的情况的一种途径，检索工具是作者索引，是包括个人著者和团体（机构）、专利权人、合同户、会议召集单位等组织起来的目录式索引。都是按字顺编排，著者途径可以检索到某著者对某一专题研究的主要文献信息。

3. 文献序号途径

文献序号途径按文献序号来查检索文献的途径。文献序号包括专利号、标准号、科技报告号、会议登记号、合同号及文献收藏单位的索取号、馆藏号、图书 ISBN 号、期刊的 ISSN 号检索等。一般按大写字母缩写字母加号码顺序编排,按序号可直接获取。

(二) 由文献的内容特征组织的检索途径

由文献的内容特征组织的检索途径包括分类途径和主题途径。

1. 分类途径

分类途径是按照文献主题内容所属的学科性质,进行分类编排所形成的检索途径。

2. 主题途径

主题途径是根据文献主题内容编制的主题索引,包括标题词途径、叙词途径、关键词途径等。按字顺编排。

(三) 其他检索途径

辅助性检索途径,可以通过特殊途径检索文献。如:化学中情报检索中的分子式索引、环系索引、化合物索引、地名索引、药名索引、元素符号索引、数字索引等。

选择检索途径是衡量检索工具和检索人检索水平的试金石。

三、检索方法

检索方法分为直接检索方法和间接检索方法。

(一) 直接检索方法

直接检索方法又称常用检索方法,即直接利用文献检索所获取文献的方法。如:可直接从报刊、图书、网络等通过浏览直接获得的信息。直接检索方法具有快捷、方便的优点,但用时较多,有漏检现象,是一种辅助性的检索方法。

（二）间接检索方法

间接检索方法利用检索工具或检索方法进行检索，通常可分为工具法、追溯法和交替法三种。

1. 工具法

工具法利用检索工具检索的方法，工具法包括顺查法、倒查法和抽查法三种检索工具。工具法是用户常用的检索方法，因其是科学、系统、全面有效的检索方法。

（1）顺查法。

顺查法是利用检索工具由远到近，由过去到现在，由旧到新的逐年逐卷的检索方法。

（2）倒查法。

倒查法与顺查法相反，倒查法是由近而远地按时逆序的检索方法。

（3）抽查法。

从若干年的文献中抽查的检索方法。

2. 追溯法

追溯法又称回溯法、引文法，是从利用文献后面所附的参考文献入手，进行逐一的追踪查找原文。这种检索可以获得相关文献的方法，是一种简便获取文献的途径。但参考文献有一定的局限性，数量较少。如按核心期刊后的参考文献进行追溯检索，效果会更好，有时也会造成漏检和误检。

3. 交替法

交替法是利用以上两种方法交替进行，综合利用的检索方法。先利用检索工具查出一部分文献，再用这些文献后面的参考文献追踪查出相关文献。这样连续追踪查找一直到满足检索为止。其特点是省时、省力、检索效率高。

四、检索步骤

检索步骤即检索过程,是根据检索课题的需要,通过分析研究后,选择检索系统,明确检索目标,确定检索途径和方法,查找所需文献的过程。

(一)分析研究课题

首先分析研究课题主要内容,明确学科或专业的范围,所需文献类型,著者机构,语种,年代限制,关键词等,选定检索策略,明确检索目标。

(二)选择检索工具

检索工具繁多,要选择与课题有关的信息量大,具有足够质量及权威性、专业性、新颖性的检索工具。选择检索工具要具备"全""便""准""快"的特点,如仍难确定合乎要求的工具,可利用指南、便览、手册等,以行进一步的比较选择,排除不合用者,确定使用工具。

(三)选择检索途径

检索途径有多种,要结合课题所需加以选用,如已知检索途径工具可用文献的外部特征进行检索、篇名、著者、出处、序号等能直接查找。如果不知道的检索途径最好用分类途径、主题途径去检索。搞清学科体系,确定检索课题中的主题词和分类号分别进行检索。

以上三步为检索的准备阶段,带有策略性。在检索前要进行全面的考虑,所占时间不多,却很重要。考虑的全面与否直接影响检索的实施和检索质量及检索速度。

(四)实施检索,查找文献线索

完成以上步骤后,进行试检索。看确定的检索途径和方法是否满足检索课题的需要,检索结果和检索需求有何差距,是否需扩检或缩检。要不断分析，调整检索的标志和途径，使检索更准确。当检索结果与检索课题相匹配时，仔细阅读其内容，判断是否切题。如阅览二次文献，查找对课题有关的文献，逐条认真分析、研究，确定文献的取舍。不能仅根据题录确定性质，而要分析文摘的内容或原文。

（五）获取原始文献

获取原始文献要由近至远，应首先从本单位、本地区的图书馆或网上查找。查找原始文献的收藏单位，办理检阅复制手续，是检索过程的终点，也是检索的最终目的。

以上五个检索步骤缺一不可。在实际情报检索中，往往遇到意想不到的困难，要不断核准或修正检索方式，确定检索的正确方向，最后取得检索成功。

思考题：

1. 什么是信息、情报、知识、文献，它们之间的关系如何？
2. 文献有哪些类型？按文献的加工深度可分为哪几种，各自的特点是什么？
3. 检索是什么？分类语言和主题语言的特点有哪些？
4. 检索途径有哪些？如何检索文献？
5. 利用分类号、关键词在图书馆局域网上查找有关"云南经济"的资料。

第二章　中文检索

第一节　工具书的特征、类型及功用

一、工具书的特征

工具书是根据一定的社会需要,以特定的编排和检索方法,为人们迅速提供某方面的基本知识或资料线索,专供查阅的特定类型的图书。

工具书的特点是能够迅速提供知识或资料线索,即用特定的编排形式和检索方法,反映广泛、系统的内容,为人们查找资料提供方便。

工具书与普通书有明显的区别。工具书具有编制特殊、内容概括、专供查阅的特点,能起到解答疑难、辅助阅读、提供资料的作用。从编制目的看,工具书具有查考性,一般不是供人们从头到尾、逐字逐句阅读的。工具书拥有大量的资料供人们查考,以解决有关的疑难问题,普通书对一定的问题或学科作具体的论述,提供比较系统的知识和观点,一般供读者从头到尾阅读。从内容看,工具书具有概括性,它广采博收、旁征宏引,大多是把收集来的材料加以取舍排比或作精要的论述,因此内容比较广泛、概括;普通书却围绕一定的问题或学科作深入的论述,以阐明作者的观点,内容一般比较连贯、完整。从材料编排看,工具书具有易检性。它的编排体例,或按部首、或依笔画、或用号码、或以音韵、或分类分主题序列、或以年月日为次、或依地域分编，一检即得，方便查找；而普通书一般按问题或学科本身的系统分章、分节论述。

工具书与普通书并不存在不可逾越的鸿沟。有些工具书同时也是某方面的专门著作，如《说文解字》，它既是供查考字的形、音、义的工具书，又是供研究汉字参考的专著。反之，普通书也一样可供查考问题时参考，具有"工具"的作用。尤其是某些史书、一统志、总集和全集等类图书，由于内容广泛、资料丰富，参考价值高，加上这类书卷帙浩大，人们常常只是选择其中一部分，以作阅读或查考之用，因此在一定程度上也起着工具书的作用。

二、工具书的类型

工具书的种类繁多，就其文种来说，有中文工具书和外文工具书之分；按学科内容来说，有社会科学工具书与科技工具书之分；按编纂时代来说，有古代工具书与现代工具书之分；按刊印形式来说，有书籍、期刊和单幅图片之分；按功用特点来说，有字典、词典、类书、政书、年鉴、手册、百科全书、书目、索引、表谱、图录等之分。

三、工具书的功用

工具书的功用是多方面的。就是计算机普及的今天，工具书的作用也是不可替代的。它是读书治学的工具，历代学者都很重视工具书的编纂和利用。东汉古文经学家许慎，为了准确地解释六艺群书，对汉字的形、音、义作了相当精密的研究，编成了我国第一部字典——《说文解字》。它不仅在当时是研究语言文字的第一部较系统的著作，而且在今天仍然为研究古文字学和古汉语提供了重要的资料，是一部不可缺少的工具书。东汉著名史学家班固在刘向、刘歆《别录》、《七略》的基础上所作的《汉书·艺文志》开创了史书艺文志的先例，记叙了一代藏书之盛。清代学者编纂工具书的风气尤为盛行，其中阮元主编的《经籍纂诂》称得上一部古书训诂的总集，对我们今天阅读古籍、研究古汉语很有参考价值。纪昀任总纂的《四库全书总目提要》及《四库全书简明目录》成为我们治古籍常用的一种书目工具。现代史学家陈垣编制了堪称完备、精确的历表《中西回史日历》和《二十史朔闰表》，是我们研究中国史和世界史必备的工具书。

　　人们重视工具书是因为工具书有辅导自学、指示读书门径之能和解答疑难，提供资料之功。随着社会的发展，人们积累的知识广博无边，图书文献浩如烟海，光凭一个人博闻强记，犹如衔石填海，只能是望洋兴叹。因此，人们为了充分地占有资料，掌握人类积累起来的知识，就必须借助工具书。其中书目提要能给人指示读书门径；字典词典、百科全书和年鉴手册能帮助人们解决疑难问题；类书政书及书目索引，则能给人们提供资料或线索。使用工具书能大大节省人们的时间和精力，使读书治学收到事半功倍的效果。

　　工具书的编纂可以追溯到先秦时期。相传周宣王时太史籀编有《史籀篇》，可以说是古代字书的萌芽；《周谱》的旁行斜上法和"古六历"，可视为表谱的渊源；传说中夏禹铸"九鼎"的图纹和周代《山海图》，也可看成原始的图录。但总的说来，当时文化科学事业尚不发达，文献数量很少，掌握文化的只是少数贵族文人。他们满足于背诵先师典籍，对工具书的需求尚不十分迫切。以后，随着文化科学事业日益发展，文献逐渐增多，工具书才逐步发展起来。

第二节　中文工具书的排检法

工具书的排检法大致可分为五类：字顺法、分类法、主题法、时序法和地序法。

一、字顺法

字顺法是一种排检单字或复词的方法，也是工具书的主要编排、检索方法。一般字典、辞典、百科全书等都采用这种方法。归纳起来，字顺法主要有形序法、号码法和音序法。

（一）形序法

形序法是根据汉字的形体结构，找出它们在形体上的某些共同点加以排列。这种方法比较适应汉字的特点，并符合人们从形出发求音求义的查字要求。形序法常见的是部首法和笔画与笔顺法。

（二）号码法

号码法是形序法的一种变形。它把汉字的各种笔形变成数目字，然后把所取的笔形联结为一个号码，按号码排列汉字。这种方法的优点是位置固定，检索快，但学习起来比较困难，要经过反复练习才能掌握。号码法主要是四角号码法和起笔笔形法。

（三）音序法

音序法是按照字音排列汉字的方法，主要有汉语拼音字母顺序排列、韵部排列和注音排列三种。

二、分类法

分类法是将资料按学科、事物性质等系统加以排列的。这种排列法有按一种方式单独编排的，也有与按时间、地区排列的方法相互配合使用的。

1. 学科系统排列法

这种排列法是将资料按书刊资料分类法编排的。

2. 事物性质排列法

类书、政书、年鉴、手册等均采用这种方法编制。

三、主题法

主题法是将资料按照一定的主题进行编排。

四、时序法

时序法常用在编制年表、历表、年谱等工具书方面,它按时间顺序先后排列,但也有按逆时序法排列的。

五、地序法

地序法主要用于编制查考地理和地方资料的工具书。

第三节 主要工具书的介绍

一、字典、词典

字典是解释字的形、音、义及其用法的工具书。词典是解释词的概念、意义及其用法的工具书。

(一) 字 典

1. 一般字典

《新华字典》、《同音字典》等。

2. 古汉语字典

《说文解字》、《康熙字典》、《古汉语常用字字典》、《经典释文》、《经籍纂诂》等。

3. 文字形体字典

《甲骨文编》、《甲骨文合集》、《金石大字典》、《金文编》、《金石大字典》等。

4. 辨正字汇

《汉字正字小字汇》、《汉字拼音检字》。

(二) 词　典

1. 一般词典

《辞源》、《辞海》、《四角号码新词典》、《现代汉语词典》、《新华词典》等。

2. 古汉语词典

《尔雅》、《释名》、《辞通》等。

3. 虚词词典

《古书虚字集释》、《词诠》等。

4. 成语、典故、方言、俗语词典

《现代汉语成语词典》、《方言》、《恒言录·恒言广证》等。

5. 专门性词典

《〈马克思恩格斯全集〉注释选编》、《哲学名词解释》、《政治经济学辞典》等。

二、韵　书

我国古代主要用来解说汉字读音的工具书叫韵书。我国最早的韵书是《声类》；现存最早的一部完整的韵书是《广韵》。

韵书包括《广韵》、《集韵》、《中原音韵》等。

三、类　书

类书是辑录古书的史实典故、名物制度、诗赋文章、丽词骈语等，按类或按韵编排，以便寻检和征引的工具书。

中国最早的类书是《皇览》，最大的类书是《永乐大典》，现存最大的类书是《古今图书集成》。

类书和政书在编纂上有些雷同，但是也有区别，类书一般兼收各类，政书却专记典章制度。

（一）综合性类书

《北堂书钞》、《艺文类聚》、《太平御览》、《永乐大典》、《古今图书集成》等。

（二）专门性类书

《册府元龟》、《佩文韵府》、《骈字类编》、《字史精华》。

四、政　书

政书是专门记载典章制度的工具书。它收集历代或某一朝代政治、经济、文化、制度方面的史料，分门别类地加以编排和叙述，具有制度史、文化史和学术史的性质。

（一）"十通"

《通典》、《通志》等。

（二）会　要

《唐会要》、《西汉会要》等。

（三）会　典

《元典章》、《明会典》等。

五、百科全书

百科全书是一切知识门类广泛的概述性著作，又称为百科知识的总汇之书。百科全书是没有围墙的大学，是工具书之王。

百科全书分为综合性百科全书、专业性百科全书，国家和地区性百科全书，少年儿童百科全书。

百科全书与类书的共同点是包罗各科。区别是百科全书在内容上写成专文，编排上是以条目形式。类书在内容上是沿袭传统观念，述而不作，编排上是以类目，韵部。

代表性百科全书：《中国大百科全书》、《不列颠百科全书》、《简明不列颠百科全书》、《简明中华百科全书》，还有 1.0 版的光盘《中国大百科全书》。

六、年鉴、手册

年鉴包括年刊、年报等，是汇集一年内的重要时事文献和统计资料，并按年度出版的连续性出版物。它记载一年间的大事并汇集一年间的统计资料。年鉴按性质分为综合性年鉴、专门性年鉴和统计性年鉴。

手册是汇集某一方面经常需要查考的文献资料，以供读者随时翻检的一种工具书。其内容通常是简明扼要的概述某一专业或某一方面的基本知识以及一些基本的公式、数据、规章、条例等。手册的名称很多，有指南、便览、要览、一览、宝鉴、必备、大全、全书等。

常用的年鉴、手册有《中国年鉴》、《世界知识年鉴》、《各国概况》、《中国经济年鉴》、《中国体育年鉴》、《读报手册》、《新华月报》、《世界经济统计简编》等。

七、书目、索引

书目、索引是检索图书、报刊等资料的重要工具。书目是图书目录的简称，它著录一批相关的图书，按一定的次序编排而成，是一种登记、宣传和报导图书的工具。

索引，又称"通检"、"备检"等，是把一种或多种书刊里的具体内容，如主题、书名、篇名、人名、地名等摘录下来，加以编排，并注明出处，以便查阅的工具书。

书目分为有关古籍及其版本的书目、现代综合性书目、报刊书目、专门性目录等四类，各类之中的书先按类别再按成书年代顺次编排。

索引分为有关古书的索引、报刊索引、专题索引三大类，各类之中的书先按类别再按成书年代顺次编排。

常用的书目、索引有《汉书艺文志》、《四库全书总目提要》、《书目答问补正》、《中国丛书综录》、《全国总目》、《中国考古学文献目录》、《二十五史人名索引》、《十通索引》、《人民日报索引》、《列宁全集索引》等。

八、表谱、图录

（一）表　谱

表谱是以编年或表格形式记载事物发展的工具书。

表谱包括年表、历表和其他历史表谱。

年表、历表是查考历史年、月、日的工具书。其中年表是查考历史年代和检查历史大事的工具书，历表是查考和换算不同历法年、月、日的工具书。

年表有历史纪元年表和历史纪事年表之分。常用的年表有《中国历史纪年》、《中国历史纪年表》、《公元干支推算表》、《中国大事年表》、《中华人民共和国大事记》等。

历表常用的有《二十史朔闰表》、《中国近代史历表》、《两千年中西历对照表》等。

专门性表谱包括人物表谱、职官表谱、地理表谱和其他表谱。

（二）图　录

图录是以图像表示事物形象的工具书。

图录包括地图、历史图谱、文物和人物图录。

地图常用的有《中华人民共和国分省地图集》、《中国历史地图集》、《中国共产党历史教学参考地图集》、《世界地图集》。

历史图谱常用的有《中国历史参考图谱》、《太平天国革命文物图录》、《古代世界史参考图集》。

文物图录常用的有《西清古鉴》、《参加伦敦中国艺术国际展览会出品图说》、《中国古青铜器选》等。

第四节 各类工具书的使用

一、关于字的查找

(一) 常用字的查找

常用字通常会遇到以下问题,一是不会读;二是有一些常用字字形相似,平时极易混淆;三是常会遇到一字多音的问题。这些问题我们都可以利用《新华字典》、《四角号码字典》、《现代汉语词典》、《辞海》等解决。

(二) 冷僻字的查找

冷僻字相对常用字而言,用一般的小型字、词典是解决不了问题的,有些字可到《康熙字典》、《中华大字典》里查到。

(三) 汉字古义及古形体的查找

有关汉字古义的查找和古形体的辨认一般要用《古汉语常用字字典》、《经籍纂诂》、《经典释文》等查找。

二、关于词语的查找

(一) 现代汉语的查找

现代汉语词汇的查找,利用近现代编的各种辞典,如《现代汉语词典》、《汉语词典》、《辞海》,网络词典"COOL 酷词典" http：//www.unihan.com.cn/cidian/search.html 等。

（二）古代汉语词汇的查找

古汉语的查找借助较大型的辞典，如《辞源》等。

（三）关于诗词文句的查找

查找诗词出处主要靠类书解决。类书中又特别要用那些广引诗文的书，如《佩文韵府》、《骈字类编》、《古今图书集成》等。

（四）文句出处的查找

查找文句出处，主要靠文句索引、类书等来解决。如《太平御览》、《十三经索引》等。

思考题：

1. 什么是类书？类书有哪几种？
2. 什么是政书？政书有哪几种？
3. 类书与政书的区别？
4. 什么是工具书？如何查找古代字、诗词、文句？
5. 查出"老吾老以及人之老，幼吾幼以及人之幼"一语的出处。

第三章 特种文献

第一节 标准文献概述

一、标准文献的概念

标准化是国民经济中一项综合性技术经济基础工作,是促进技术进步,提高产品和工程质量,实现现代化生产,提高社会经济效益,加强国防力量的重要手段。标准化工作的成果,可以采用公布文件、指定实物基准或规定基本单位或物理常数等形式固定下来。

标准文献是指在有关方面的合作下,按照规定程序编制并经主管机关批准,以特定形式发布,供一定范围内广泛而多次使用的,包括一整套规格、定额、规则和要求的文件。一个国家的标准文献反映着该国的经济政策、技术政策、生产水平、加工工艺水平、标准化水平、自然条件、资源情况等内容,是一种全面了解该国的工业发展情况的重要参考资料。

标准化文献最早产生于工业革命发源地英国。1901 年英国成立了世界上第一个全国性标准机构。目前,世界上有 600 多个国际和区域性组织,从事或参与标准化活动。我国于 1978 年 5 月成立了国家标准总局。据统计,全世界现行标准已达 1 000 余种,总计 75 万份之多。其中,最重要和最有影响的国际标准化机构是国际标准化组织(ISO)、国际电工委员会(IEC)和国际电信联盟（ITU）。

二、标准文献的特点与作用

（一）标准文献的特点

标准文献是一种技术上成熟、经济上合理、使用上可靠的技术文献。它有独特的文体结构和特征。它的特点：统一性；可靠性和可行性；约束性；协调性；时效性。

（二）标准文献的作用

第一，通过标准可了解各国经济政策、技术政策、生产水平、资源状况和标准水平。

第二，在科研、工程设计、工业生产、企业管理、技术转让、商品流通中采用标准化的概念、术语、符号、公式、频率等，有助于克服技术交流的障碍。

第三，国内外先进的标准可供推广研究、改进新产品、提高工艺和技术水平借鉴。

第四，标准是鉴定工程质量、检验产品、控制指标的技术依据。

第五，标准可简化设计、缩短时间、减少不必要的试验、计算，能保证质量，减少成本。

第六，进口设备可按标准文献进行装备、维修配置某些零件。

第七，标准有利于企业或生产机构经营管理活动的统一化、制度化和文明化。

三、标准文献的种类

标准文献按其使用范围、性质可划分为不同的种类，在这里我们介绍主要的几种。

（一）按其适用范围分

1. 国际标准

国际标准是指国际间通用的标准。如国际标准化组织（简称 ISO）；国际电工委员会（简称 IEC）。

2. 区域标准

区域标准是指适用于世界上某一区域的标准。如欧洲标准化委员会（简称 CEN）；欧洲电工标准化委员会（简称 CENELEC）。

3. 国家标准

国家标准是由国家标准化主管机构批准、发布，在全国范围内统一实施的标准。如中国国家标准（简称 GB）；美国国家标准（简称 ANSI）；英国国家标准（简称 BS）等。

4. 行业标准

行业标准是指经某一专业统一组织或专业部门通过的标准。如我国教育部门的标准（JY）；美国材料与试验协会标准（ASTM）。

5. 企业标准

企业标准指各企业为正常生产自行制定并在企业内部使用的标准。如美国通用电气公司标准（SPO）；美国波音飞机公司标准（BACO）等。

6. 地方标准

地方标准即省（市、自治区、直辖市）级标准，指在没有国家标准和行业标准而又需要在省（市、自治区、直辖市）范围内统一的产品安全、卫生要求、环境保护、食品卫生、节能等有关要求所制定的标准。如前苏联的"加盟共和国标准"和美国的"州标准"大体相当于我国的地方标准。

（二）按标准的内容和性质分

1. 技术标准

技术标准是对标准化领域中需要协调统一的技术事项所制定的标准，是对产品和工程建设质量、规格、技术要求、生产过程、工艺规范、检验方法和计量方法所作的技术规定。

2. 管理标准

管理标准主要是规定人们在生产活动中的组织结构、职责权限、过程方法、程序方法、程序文件以及资料分配等事宜，包括基础管理、经济管理、生产管理、技术管理、质量管理、安全卫生等。

3. 工作标准

工作标准是针对具体岗位而规定人员和组织在生产经营管理活动中的职责、权限、对各种过程的定性要求以及活动程序和考核评价要求，包括基础工作、工作质量、工作程序、工作方法等。

另外，除了以上几种标准，还可根据标准实施的强制程度，把标准分为强制标准、暂行标准和推荐性标准。

四、标准文献代号、编号及分类

（一）中国标准代号和编号

我国在1978年5月成立国家标准总局，1978年9月参加国际标准化组织（ISO）。《中华人民共和国标准化法》规定我国标准分为四级：国家标准、行业标准、地方标准和企业标准。

1. 国家标准

国家标准是四级标准体系中的主体，由国务院标准化行政主管部门制定，在全国范围内适用，其他各级标准不得与之相抵触。

国家标准的编号由国家标准代号、标准发布顺序号和标准发布年代号组成，即代号－序号－年代（注：标准在修订时顺序号一般不变，只改变修订年代号）。国家标准的代号用"国标"两个汉语拼音的第一个字母"G"和"B"组成（GB），以"GB"表示强制性国家标准，以"GB 加"T"表示推荐性国家标准（GB/T）。

例如：

①GB601－1988 表示：国家颁布的 601 号（化学试剂滴定分析用标准溶液的制备）强制性国家标准，修订、实施时间为 1988 年。

②GB/T6092－2004 表示：国家颁布的 6092 号推荐性标准，修订、实施时间为 2004 年。

2. 地方标准

地方标准不得与国家标准和行业标准相抵触。

地方标准的编号方式为：地方标准代号－地方标准顺序号－年号，即由汉字"地方标准"大写拼音"DB＋省（自治区、直辖市）行政区划代码的前两位数字再加斜线组成。加"T"则组成推荐性地方标准代号。

例如：

①DB11/199－1998 表示：北京 1998 年发布的第 199 号强制性标准。

②DB44/T 表示：广东省推荐性地方标准代号。

③DB42/表示：湖北省强制性地方标准代号。

3. 企业标准

企业标准的代号由汉字"企"字大写拼音字母"Q"加斜线再加企业代号组成，即企业标准代号－标准顺序号－发布年代号。企业代号按中央所属企业和地方所属企业分别由国务院有关行政主管部门和省（自治区、直辖市）政府标准化行政主管部门会同同级有关行政部门加以规定,企业代号可用汉语拼音字母或阿拉伯数字或两者兼用组成。

例如:

①Q/HR009-1991 表示:哈尔滨松花江第二乳品厂第九号标准,批准时间为1991年。

②Q/HB 表示:沈阳标准件厂企业标准代号。

③Q/JB1-79 表示:北京机械工业局1979年颁布的企业标准。

4. 行业标准

行业标准是对国家标准的补充,是专业性、技术性较强的标准,由国务院有关行政主管部门制定,并规定行业标准的制定不得与国家标准相抵触,国家标准公布实施后,相应的行业标准即行废止。行业标准的编号形式为:"行业标准-标准顺序号-年号"。行业标准代号由两个汉语拼音字母组成,不同的行业有不同的代号。

例如:

①TB/T1998-1996 机车高温瓷件订货技术条件表示:铁路行业1996年批准的第1998号推荐性标准。

②QB1007-90 表示:轻工业1990年颁布的"罐头食品净重及固形物含量的测定标准"。

(二) 国际标准的代号和编号

国际标准是指由国际性组织制定的各种标准,以及在《国际标准题内关键词索引(KWIC Index)》中收录的其他27个国际组织制定的标准。其中主要是由国际标准化组织制定的ISO标准和由国际电工委员会制定的IEC标准。

1. 国际标准化组织(ISO)

国际标准化组织(International Organization Standization,简称ISO)成立于1947年2月23日,是世界上最大的国际化专门机构，也是联合国的乙级咨询机构，它在国际标准化中占主导地位。它的主要工作是制定国际标准，进行有关标准化方面的研究工作和情报工作。我国以中国标准化协会（简称 CAS）的名义在 1978 年加入 ISO，1982 年当选为 ISO 理事成员。

ISO 的目的和宗旨：在世界范围内促进标准化工作的发展，以利于国际物资交流和互助，并扩大在知识、科学、技术和经济方面的合作。

ISO 现有 91 个成员国，设有 186 个技术委员会（TC），639 个分技术委员会（SC），1 430 个工作组（WG）。ISO 的最高权力机构是每年一次的"全体大会"，其日常办事机构是中央秘书处，设在瑞士日内瓦。ISO 标准用英文和法文出版，ISO 的所有标准每隔五年重新审订。

国际标准化组织颁布的标准都有"ISO"为标准代号。其编号方法是 ISO + 序号 + 年代。

例如：

①ISO4672 – 1978 表示：1978 年颁布的橡胶软管：低温弯曲试验的标准。

②ISO3628 – 1976 表示：1976 年颁布的照相机硼酸规格的标准。

2. 国际电工委员会（IEC）

国际电工委员会（International Electrotechnical Commission，简称：IEC）成立于 1906 年，是最早的国际标准化机构。IEC 负责电工方面的国际标准化活动，共有 44 个成员国，中国现以中国电机工程学会名义参加。

IEC 的宗旨是促进电工标准的国际统一，电气、电子工程领域中标准化及有关方面的国际合作，增进国际间的相互了解。

IEC 标准目前有 2 000 件左右，其编号方法：IEC + 顺序号 + 年代。常见的有以下几种形式：

例如：

IEC434（1973）表示为 1973 年颁布的飞机上用白炽灯的标准。

（三）标准文献的分类法

标准文献的分类是根据标准化对象的专业性质，参照标准文献本身的特点，在具有一定体系的分类组织中给每一种标准以相应的位置，并通过一定类号加以反映的一种过程。其目的在于对标准文献实行科学管理，将其内容系统地提示出来便于检索和使用。

世界各国都十分重视标准文献的分类工作，几乎所有先进的工业发达国家都有自己的分类法，虽然各有特点，但按其标记与编号制度，分类法大体上可分为三种：

第一种，字母分类法。字母分类法将标准文献按科学内容分为若干类，每类以一个字母作为其标识符号的分类法。在类目设置上由于这种方法本身的局限性，一般只设一级类目。因此，字母分类法适用于分类数量不大的标准文献。美国材料与试验协会标准（ASTM）；德国压力容器工作委员会标准（AD）等就是使用字母分类法。

第二种，数字分类法。以数字作为标记的分类法，简称数字分类法。这种分类法又包括由一定区间表示范围的分类法、层累制、以标准编制机构代号表示的分类法和由专业类号表示的分类法等。如加拿大国家标准（CAN）。

第三种，字母数字混合分类法。以字母和数字相结合作为标记符号的分类法，简称字母数字混合分类法。采用这种分类法的国家有日本、美国、法国等。

下面对国际标准分类法和中国标准分类法作详细介绍。

1. 国际标准分类法（ICS）

国际标准分类法（International Classification Standards，简称

ICS）是 ISO 理事会于 1991 年第 27 号决议形式批准生效实施，并于 1992 年正式推出的一部专供标准文献使用的分类方法。

  ICS 分类法的特点是列类广泛、覆盖全面、结构合理、简明实用，特别是配号方法灵活，允许用户根据需要自行推类，适用于手检等不同层次需要。

  ICS 是一部等级制分类法，它根据标准化活动与标准文献的特点，类目设置以专业划分为主，适度结合科学分类。为谋求科学、简便、适用、灵活分类体系原则上由三级组成：一级类按标准化所涉及的专业领域划分，包含 40 个大类（表 3－1），每一大类号以两位数字表示，如 01，03，07。大类采取从总到分、从一般到具体的逻辑序列；按照通用标准相对集中、专用标准适当分散的原则，兼顾各类目所容文献量的相对平衡，又将一级类再分为 407 个二级类，在 407 个二级类中，有 134 个被进一步细分为 896 个三级类。二级类号由一级类号和被一个全隔开的三位数字组成。三级类的类号由二级类的类号和被一个被点隔开的两位数字组成。

  如：43 　　　　道路车辆工程　　（一级类）
    43.040　　　道路车辆装置　　（二级类）
    43.040.20　照明与信号设备　（三级类）

表 3-1 ICS 一级类目

类 号	类目名称	类 号	类目名称
01	综合、术语、标准化、文献	49	航空与航天工程
03	社会学、服务、公司组织和管理、行政、运输	53	物资搬运设备
07	数学、自然科学	55	货物包装与分发
11	医疗卫生技术	59	纺织与制革技术
13	环境保护与卫生、安全	61	服装工业
17	计量学与测量物理现象	65	农业
19	试验	67	食品技术
21	机械系统与通用部件	71	化工技术
23	流体系统与通用部件	73	采矿与矿产
25	制造工程	75	石油及有关技术
27	能源与传热工程	77	冶金
29	电气工程	79	要材技术
31	电子学	81	玻璃与陶瓷工业
33	电信	83	橡胶与塑料工业
25	信息技术、办公设备	85	造纸技术
37	成像技术	87	涂料与颜料工业
39	精密机械,珠宝	91	建筑材料与建筑物
43	道路车辆工程	93	民用工程
45	铁路工程	95	军事工程
47	造船和船用设备	97	家政、文娱、体育

2. 中国标准分类法（CCS）

我国标准文献的分类依据是《中国标准文献分类法》，它是一部标准文献专用的分类法。1984年7月由原国家标准局颁布试行，于1989年1月由国家技术监督局正式发布实施。目前中国所有技术标准文献全部采用CCS分类。

CCS的体系结构以专业划分为主，遵从人类的基本生产活动排序，序列采取从总到分，从一般到具体的原则进行划分。类目结构采用二级编制形式，其中一级类目24个（表3-2），用除I和O以外的大写英文字母表示。

表3-2 中国标准（CCS）分类法一级类目表

字母	专业类目	字母	专业类目
A	综合	N	仪器、仪表
B	农业、林业	P	工程建设
C	医药、卫生、劳动保护区	Q	建材
D	矿业	R	公路与水路运输
E	石油	S	铁路
F	能源、核技术	T	车辆
G	化工	U	船舶
H	冶金	V	航空、航天
J	机械	W	纺织
K	电工	X	食品
L	电子技术	Y	轻工、文化与生活用品
M	通信、广播	Z	环境保护

二级类目的类号是在一级类号后加两位阿拉伯数字组成,每一个一级类目下设 00~99 共 100 个二级类目。

如:W:纺织

40/49	丝织
40	丝绸综合
41	丝绸半制品
42	丝制纱线
43	丝与丝织品
……	

使用时,按标准内容,从上到下、从总到分,选择适当的分类号。

例如:查找有关包装方面的标准分类号步骤如下:

第一步,在"中标法"一级类目中查找 24 个一级类目,按从总到分的原则排序,以专业分,包装标准应当属于综合类 A 类,先确定一级类目号为 A。

第二步,在 A 类二级类目表中再依次查找,得到:A80/89 标志、包装、运输、储存符合题目条件,确定包装的中国标准分类号为 A80。

实际使用中,分类途径多用于按分类浏览该类标准制定情况,查找标准则多使用标准号或者主题途径。标准分类表在各标准网站均有提供,可供使用。

第二节 标准文献的检索

一、标准文献的检索工具

从文献的出版形式上分,标准文献的检索工具主要有印刷型、光盘型、网络型三种。

从报道内容上分,标准文献的检索工具主要有两种形式:①报道全文的标准文献汇编,如国内出版的《中国国家标准汇编》、《中国国家标准分类汇编》、美国出版的《ASTM标准年鉴》等;②题录、目录形式的检索工具,即目录,仅提供标准的部分信息,如果需要全文,可以根据标准号查找全文检索工具或向收藏单位索取。大多数光盘版可以直接查到全文。网络版只免费提供题录信息,如果需要全文,需要另外付费。

二、标准文献的检索途径

检索标准文献信息,主要有三条途径,即分类途径、标准途径与主题途径。我国的印刷型检索工具只提供了分类途径和标准途径。

三、中国标准文献主要的检索工具

中国标准的检索工具主要为各种目录。检索标准文献,首先要选择好与其相应的标准目录。中国标准目录按级别分为国际标准目录、国家标准目录、行业标准目录、地方标准目录和企业标准目录。其次,选择标准目录要挑选最新版本。如果最新标准目录尚未出版,可采用将标准目录与标准化年鉴相结合的办法。如将1999年国家标准目录与2000年的标准化年鉴相结合,这样检索时可以查新、查全,以便准确贯彻执行现行标准。另外,要注意根据自己检索需要选择适当形式的标准出版物,这样可以节省时间。比如单行本(指只有一个标准或几个同类标准的合订本)出版快,信息新。汇编本(国家标准汇编本是按标准号顺序排列的;国家标准分类汇编本是按分类出版的汇编本;专业汇编本则是将同类专业标准编成册)比较全,不易丢失,但由于出版周期长,其标准易老化。因此,馆藏有单行本的,一般查单行本;在查同专业的多个标准时,可选择国家标准分类汇编或专业汇编本。

（一）中国标准文献的检索途径与方法

中国标准文献的检索往往要借助于两本以上的工具书，其检索途径主要有：

1. 分类途径

首先分析课题，利用《中国标准文献分类法》确定该课题的一级类目的类号、二级类目的类号。再根据该分类号查检相关的标准目录，可得进一步的细节，若想索取该标准的原件，则可以根据查得的标准号查《中国国家标准汇编》。

2. 标准号途径

如果已知标准号，则可直接查《中国国家标准汇编》的目次表，得到该标准在《中国国家标准汇编》正文中的页码，即可查到该标准的详细内容。

（二）中国标准文献主要的检索工具

检索技术标准既有标准目录、汇编、年鉴等各种专门的手工检索工具，也有计算机网络检索系统。下面主要介绍国内较常见的标准文献检索系统。

1.《中华人民共和国国家标准目录》

原由国家标准局编，现为国家技术监督局标准化司编，中国标准出版社出版。每年出版一次，1991年版收录了1990年底前全部现行的国家标准16000种，自1999年起每年上半年出版新版，收录截至上一年度批准发布的全部现行国家标准。

该目录由正文和标准号索引组成，正文按《中国标准文献分类法》分类，对每个标准只给出专业分类号、标准号、标准名称、制订日期与实施日期。国家标准目录信息已建立计算机数据库，进行实时维护和管理。网址为Http：//www.sti.gd.cn/tri-phase/b4.html。

2. 《中国标准化年鉴》

原由国家标准局编,现为中国国家技术监督局编,中国标准出版社出版,1985年创刊,当年的年鉴收集了截至1984年9月底国家标准的全部,以后每年出版一册,主要介绍了我国标准化的基本情况和成就等。正文按《中国标准文献分类法》分类编排,每个类目内再按标准顺序号排列,年鉴最后附有以顺序号编排的国家标准索引。

3. 《中国国家标准汇编》

《中国国家标准汇编》由中国标准出版社出版。该汇编从1983年起分若干册陆续出版,收集全部现行国家标准,到1995年已出版到195册。按国家标准顺序号编排,顺序号空缺处,除特殊注明外,均为作废标准号或空号。

4. 《中国强制性国家标准汇编》

《中国强制性国家标准汇编》于1993年出版第一版,1997年出版第二版,2003年6月推出第三版。新版汇编收录了到2003年3月31日为止,由国家质量监督检验检疫总局批准发布的强制性标准2 807种。

本汇编按《中国标准文献分类法》大类分类,原则上按类设卷。标准多的类别,每卷又分若干分册。标准少的类别合卷编排,每册按标准编号从小到大顺序排列。全书包括18卷43分册。

5. 《标准化通信》

由中国标准化协会编辑出版,双月刊,刊载新发布和批准的国家标准和部标准。著录项目包括标准号、标准名称和被代替的标准号。

6. 《中华人民共和国国家标准目录及信息总汇》

《中华人民共和国国家标准目录及信息总汇》出版始于1999年,每年上半年出版,收录截至上一年度批准发布的全部现行国家标准信息，同时补充报道国家标准清理整顿、复审、补充、修改和更正的相关信息。

本目录由四部分组成：国家标准专业分类目录（中、英文）；被废止的国家标准目录；国家标准修改、更正、勘误通知信息以及索引。按中国标准文献分类法（CCS）编排。

7.《国家标准代替、废止目录》

国家标准信息出版物中可由现行标准查找代替标准。而由被代替标准查询现行标准就比较困难，这是因为有时代替标准与现行标准并非同号。有些国家标准已宣布废止，在现行国家标准信息出版物中又无记载，使用者往往弄不清此类标准是被代替，还是废止了。遇到这类问题可以检索《国家标准代替、废止目录》。新修订的 2003 年版的该目录收集了截至 2002 年底被代替国家标准 6 948 项，行业标准代替国家标准 2 627 项，废止标准 527 项。该目录包括六个部分：国家标准代替国家标准目录；部分行业标准代替国家标准目录；国家标准废止目录；被代替国家标准索引；现行国家标准索引；现行行业标准索引。

除了以上介绍的部分综合性检索工具外，还有一些专业性检索工具，如《机械工业标准目录》、《中国电子工业技术标准目录》等。除专业性的检索工具外，一些专业期刊、手册、年鉴也报道标准信息。

（三）电子、网络标准信息检索

因特网的发展，为检索标准信息提供很多便利，传统的印刷版标准文献已逐步被电子及网络标准文献替代。一些国外标准化组织已不再出版印刷型标准，如法国、澳大利亚等国家，其标准全文光盘每月更新一次。ISO、IEC 的一些技术标准信息也只采用光盘形式出版，美国 IHS 公司的标准全文数据库包括世界上 80 多个主要标准化组织的标准全文，每两个月更新一次。除以光盘形式出版以外，ISO、IEC、ANSI、ASTM 等一些标准化组织还开通了网上标准销售,用户付款后,即可从网上直接下载所需的标准。

我国标准目前有印刷版,但电子、网络标准信息源以信息量大、方便、快捷等优势迅速地成为检索标准文献的主要工具,特别是大量的标准网站,提供全面、丰富的标准信息及相关知识,内容包括标准知识、标准工作最新信息、新标准发布公告、废止修改标准目录、相关法律法规、标准检索及标准服务等,已成为查找标准的主要信息源。

1. 光盘检索工具

光盘检索工具:标准光盘以全文形式或者目录形式出版,分专题行业成套发行,方便用户选择。大多数标准网站都提供光盘产品服务,可通过网站目录选购。

中国国家标准全文信息库全套包括:

中国国家标准全文信息库—计算机与网络技术(光盘)

中国国家标准全文信息库—标准目录总汇(光盘)

中国国家标准全文信息库—黑色冶金标准(光盘)

中国国家标准全文信息库—机械工业卷(光盘)

中国国家标准全文信息库—电工标准卷(光盘)

中国国家标准全文信息库—食品工业标准卷(光盘)

中国国家标准全文信息库—电子信息技术卷(光盘)

中国国家标准全文信息库—石油化工卷(光盘)

中国国家标准全文信息库—综合、环境保护卷(光盘)

中国国家标准全文信息库—林业标准卷(光盘)

中国国家标准全文信息库—粮油标准卷(光盘)

中国国家标准全文信息库—农业标准卷(光盘)

中国国家标准全文信息库—卫生法规、检验方法(光盘)

中国国家标准全文信息库—广播、通信标准(光盘)

2. 网络标准信息

目前,报道和检索中国标准信息的网站很多,可以通过网络免费检索并购买标准文献全文。

中国标准服务网(http://www.cssn.net.cn)是国家级标准信息服务门户,是世界标准服务网(www.wssn.net.cn)的中国站点,也是中国目前最权威的标准化服务网络。它的标准信息主要依托于国家标准化管理委员会、中国标准化研究院标准馆及院属科研部门、地方标准化研究院(所)及国内外相关标准化机构,中国标准化研究院标准馆负责网站的标准信息维护、网员管理和技术支撑。

中国标准服务网提供用户检索查询的数据库有国家标准(GB)、国家建设标准(GBJ)、中国70余个行业标准、中国台湾地区标准和技术法规、国际标准(ISO)、国际电工标准(IEC)、国际电信联盟标准(ITU)、法国标准(NF)、日本工业标准(JIS)、美国标准(ANSI)、澳大利亚国家标准(AS)、加拿大标准协会标准(CSA)、加拿大通用标准局标准(CGSB)、德国工程师协会标准(VDI)、美国铝协会标准(AA)、英国标准(BS)、美国材料与试验协会标准(ASTM)、美国国家公路与运输商协会标准(AASHTO)、欧洲标准(EN)、欧共体法规(EC)、欧洲计算机制造商协会标准(ECMA)、欧洲电子元器件协会标准(CECC)等。中国标准服务网能提供标准全文,但需付费。

中外标准(http://scitechinfo.wanfangdata.com.cn)由万方数据资源系统网站主办,提供中国及各国标准信息。

标准网(http://www.standardcn.com/)由机械科学院标准化行业处开办,介绍国内外最新标准化动态,提供标准信息和标准化咨询服务。

中国标准咨询网(http://www.chinastandard.com.cn)是

国内提供标准全文的网站，但需付费注册。可以免费检索的标准数据库有 GB 标准、ISO 标准、IEC 标准、ASME 标准、ASTM 标准、UL 标准、BS 标准、DIN 标准、JIS 标准、AFNOR 标准、HB 标准、GBJ 标准、IEEE ANSI 等标准。

"万方数据资源系统"国内外标准数据库（http://www.wanfangdata.com.cn）由国家技术监督局等单位提供，可检索中国标准、国际标准、各国标准。中国标准包含自 1964 年以来发布的全部国家标准和行业标准并包括台湾地区标准。

中国标准网（http://www.zgbzw.com/indexl.html）由机械科学院标准化行业处开办，介绍国内外最新标准动态，提供标准信息和标准化咨询服务，并有达标产品的获证企业信息。

国家标准化管理委员会（http://www.sac.gov.cn）由中国国家标准化管理委员会和 ISO/IEC 中国国家委员会秘书处主办。设有中国标准化管理、中国标准化机构、国内外标准化法律、法规、国内外标准介绍、标准目录、最新国家标准公告、标准修改通知、标准化工作动态、办事大厅以及废止国家标准目录、强制性国家标准全文免费阅读等栏目。

国家建筑标准设计网（http://www.bjcks.com/）由中国建筑标准设计研究院主办，提供内容包括建设部颁布的全套国家建筑标准设计图集的详细资料，图集信息、编制背景、行业动态等信息资料，业界动态、标准图集、技术资料、专题文章、ISO 国际标准，应用论坛等。

除以上几种系统之外，提供国内标准信息检索的网站还有：

海南质量网（http://www.orac.hainan.gov.cn）

机械工业标准服务网（http://www.jb.ac.cn/）

福建质量信息网（http://www.fjqi.gov.cn）

中国质量信息网（http://cqi.gov.cn）

中国检验检疫信息网（http://www.ciq.gov.cn）

上海标准化服务信息网（http：//211.114.102.83/work21.htm）

四、国际标准文献及检索

国际标准是指经国际性标准化组织审查通过的标准或从事标准化活动的国际组织审查通过的标准。如：ISO、IEC 等。

（一）ISO 标准的检索

《ISO Catalogue》（国际标准化组织目录）年刊：每年 2 月出版，英、法文对照，每年还出版 4 期补充目录。

《ISO Draft International standards》（国际标准草案目录）：该目录主要用于检索标准草案。

《ISO 通报》（ISO Bulletin）：该通报由国际标准化组织编辑出版，月刊，主要报道各种专题会议消息、技术委员会的活动、各成员国消息以及新出版的国际标准。

《ISO 标准手册》（ISO Standards Handbook）：该手册是一种 ISO 标准汇编，按专业分册出版。

检索 ISO 标准的网站：（http：//www.iso.ch/cate/cat.html），该网站提供标准化活动的动态、背景、出版物、标准文献等信息。

（二）IEC 标准的检索

《IEC 国际电工委员会标准目录》（Catalogue of IEC Publication）。该目录为年刊，专门收录国际电工方面的标准，由 IEC 中央办公厅以英、法文对照出版。

《国际电工委员会年鉴》（IEC Yearbook）。该年鉴是 IEC 标准的分类目录，按 TC 号大小顺序排列，每条标准仅著录标准号、制（修）订年份和标准名称，无内容简介。

检索 IEC 标准的网站（http：//www.iec.ch）：该网站主要提供 IEC 内容、新闻、公共信息、技术委员会信息中心、查询、顾客服务中心、IEC Web 存储。

(三)世界主要发达国家的标准文献及其检索

1. 美国标准

美国标准主要有两种:国家标准和专业标准。

(1)美国国家标准(ANSI)。

《美国国家标准目录》(Catalogue of American National Standards)由 ANSI 每年编辑出版一次。ANSI 的检索网站:(http://web.ansi..org/public/search.html)或(http://www.ansi.org/)。

(2)美国专业标准。

美国专业标准如美国材料与试验协会标准(ASTM),《ASTM 标准年鉴》是检索 ASTM 标准的主要工具。ASTM 的检索网站:(http://www.astm.org)。

2. 英国国家标准

英国国家标准(BS)由英国标准学会(British Standard Institution,简称 BSI)制定。

《英国标准学会目录》(BSI Catalogue):该目录由英国标准学会按年度编辑发行,提供标准号与主题检索途径。

《英国标准年鉴》(British Standards Yearbook)1937 年创刊,由英国标准学会每年出版一次。BS 的检索网站:(http://bsonline.techindex.co.uk)。

3. 法国标准

法国标准(NF)由法国标准化协会(Association Francaise de Normalisation,简称 AFNOR)负责制定。

《法国标准化协会目录》(AFNOR Catalogue)由法国标准化协会编辑出版,每年出版一次。内容包括现行的正式、非正式标准和部分行业标准。

4. 德国国家标准

德国国家标准（DIN）由德国标准化学会（Deutsches Institut fur Normung，简称 DIN）负责制定，为德国统一的标准。

《德国技术规程目录》是德国标准的主要检索工具。该目录每年出版一次，德英对照。主要包括分类目录、标准号索引、德文主题索引、英文主题索引。DIN 的检索网站：(http://www2.beuth.de/)。

5. 日本标准

日本标准由日本工业标准（Japanese Industrial Standard，简称 JIS）调查会、日本规格协会（JSA）制定，是日本的国家标准。

《日本工业标准总目录》（JIS 总目录）是日本标准的主要检索工具。由日本标准协会编辑出版，每年出版一次。此外常用的检索工具还有《日本工业标准年鉴》；《日本工业标准目录》。《日本工业标准年鉴》实际上是《日本工业标准总目录》的英文版。JIS 的检索网站：(http://www.std.cetin.net.cn/stdsearch/tjisl.htm)。

（四）其他标准文献检索网站

1. 中国标准网

中国标准网：http://www.zgbzw.com，该网站设有在线查询、图书目录、标准知识、重点标准图书等栏目。

2. 中外标准数据库

中外标准数据库：http://www.wanfangdata.com.cn，内容包括中国国家标准、中国行业标准、国际标准、欧洲标准、美国标准、德国标准等。

3. 世界标准服务网

世界标准服务网：http://www.wssn.net，该网站可检索到：国际标准化组织（ISO）、国际电工委员会（IEC）和国际电信联盟（ITU）的标准网站。另外还可查到世界卫生组织（WHO）和世界贸易组织（WTO）等网站。

4. ILI 标准数据库

ILI 标准数据库：thhp：//www.ili.co.uk，ILI 标准数据库是综合性的题录型标准文献数据库。内容包括引用的等同标准、替代标准、更新标准、参考标准及修订中的标准等，数据内容每季度更新。

第三节 专利文献及检索

一、专利的基础知识

（一）专利的概念

专利是指一个国家授予创造发明人在一定时间内对该发明创造的独占实施权，包括专利产品的生产、使用和销售，专利通常包括三个含义：一指专利权；二指受专利法保护的发明；三指专利文献。专利权是专利的核心，亦称独占权、垄断权，专利权人在法律保护下享有一定期限的制造、使用或销售专利产品的独占权，他人未经专利权人许可，不得享受这种权利，否则就是侵权，要受到法律追究。

（二）专利的类型

1. 发明专利

发明专利指对新产品、方法或者改进所提出的新的技术方案。产品发明如机器、仪器、设备等；方法发明如制造方法等。

2. 实用新型专利

实用新型专利是指对新产品的形状、构造或者结合所提出的适于实用的新的技术方案。与发明专利相比，其范围较窄，创造性较低,俗称"小发明"。

3. 外观设计专利

外观设计是指对新产品的形状、图案或者结合,以及色彩与形状、图案的结合所做出的富有美感并适于工业应用的新设计。前者目的在于使新产品形状产生美感,而后者在于使具有形态的新产品能够解决某一技术问题。2001年10月1日起增加了"集成电路布图设计"。

二、专利文献的检索

(一)专利文献的概念

专利文献融技术、法律和经济信息于一体,是一种重要的科技文献。广义上讲,专利文献是指一切与专利有关的所有文件,包括专利申请说明书、专利说明书、专利公报、专利检索工具、专利分类表、与专利有关的法律文件及诉讼资料等。从狭义上讲,专利文献则主要是指专利说明书。世界知识产权组织1988年编写的《知识产权教程》指出:"专利文献按一般的理解主要指各国专利局的正式出版物。"

(二)专利文献的类型

目前相关出版单位同时以纸质、缩微胶片、CD-ROM光盘三种载体向各国内外发行中国专利公报、中国专利说明书等多种专利文献。

现代专利文献,根据不同功能分为三大类型:

1. 一次文献

一次文献是指详细描述发明创造具体内容及其专利保护范围的各种类型的专利说明书。

专利说明书是专利文献的主体。一般可由扉页、正文和附图三部分组成。主要作用一方面是公开技术信息和法律状况;另一方面是限定专利权的保护范围。因此,用户在检索专利文献时,最终得到的就是这种全文出版的专利文件。也就是常说的检索专利文献实际上就是指检索专利说明书。

2. 二次文献

二次文献指刊载文摘或专利题录、专利索引的各种官方出版物,如专利公报、年度索引等。

3. 专利分类资料

专利分类资料包括专利分类表、分类定义、分类表索引等,是用于确定分类号的工具。

(三)专利文献的特点

第一,数量巨大,内容新。

第二,报道迅速,信息传递快。

第三,内容详尽、具体。《国际专利合作条约》(PCT)对专利说明书的撰写有明确的规定。要求专利说明书可公开的发明,内容务必完整、清楚,以同技术领域的内行人能实施为标准。同时反映的内容比较可靠、具体、实用。

第四,格式统一,著录规范。

为便于国际交流,各国的专利说明书一般都采用国际统一的格式出版,有统一的专利分类表,统一的著录项目识别代码,便于进行专利文献的检索。

第五,大量重复报道。

(四)中国专利文献检索

专利文献浩如烟海,要查找到特定的专利文献,必须借助一定的工具和方法。我国专利的主要检索工具是专利公报。中国专利公报是中国专利局编辑出版的官方出版物,负责公布和公告专利申请、审查、授权等有关事项和决定,也是报道和查检中国专利文献的主要检索工具。主要有《中国专利公报》、《中国专利索引》。检索的一般过程：分析检索主题、确定检索主题的名称→选择中外文主题词或关键词，找出同一主题的不同用语→选择专利分类号、确定检索入口→选择检索的方式→选择检索系统→记录检索结果，包括文献号、文件种类代码、国别代码、发明名称→根据文献号找到专利说明书，阅读、筛选→根据需要可扩大检索→写出检索报告。

1. 专利公报的内容

第一部分公布或者公告发明专利申请和实用新型专利申请中记载的著录事项、摘要和摘要附图，著录事项包括该申请的名称、国际专利分类号、申请日、申请号、公开号或授权公告号等。

第二部分是专利事务。记载与专利申请的审查及专利的法律状态有关的事项。如申请的撤回、专利权的撤销、专利权的无效宣告、专利权的终止、专利权的继承或转让等。

第三部分是索引。将每期公报所公布的专利申请以及授权的专利，按 IPC（国际专利分类号）、专利号和专利权人编排 3 个索引，同时给出授权公告/专利号对照表。

2. 《中国专利索引》

《分类年度索引》是按照国际专利分类或国际外观设计分类的顺序进行编排的。当要查找某一课题的专利文献时，首先分析课题，利用《国际专利分类表》确定 IPC 分类号，然后用 IPC 分类号为检索点，查《分类号索引》，可得到有关专利的申请号、公开号、审定号、公告号、专利号。

3. 中国专利文献编号

中国专利说明书自出版以来，编号体系经历了四次变化：从 2003 年 10 月 1 日起，中国专利事业经历了 18 年的历程，将 8 位专利号由 12 位申请号取而代之。专利申请号中使用的每一位阿拉伯数字均为十进制。申请号中的年号采用公元纪年。

此阶段的编号说明：由于中国专利申请量的急剧增长，原来申请号中的当年申请的顺序号部分只有5位数字，最多只能表示99 999件专利申请，在申请量超过100 000万件时，就无法满足要求。于是，国家知识产权局不得不自2003年10月1日起，开始启用包括校验位在内的共有13位（其中当年申请的顺序号部分有7位数字）的新的专利申请号及其专利号。事实上，2003年发明和实用新型的年申请量均超过了100 000件大关。

为了满足专利申请量的急剧增长的需要和适应专利申请号升位的变化，国家知识产权局制定了新的专利文献号标准，并且，将从2004年7月1日起启用新标准的专利文献号。对此阶段的编号说明如下：

（1）三种专利的申请号由12位数字和1个圆点（.）以及1个校验位组成，按年编排，如200310102344.5。其前四位表示申请年代，第五位数字表示要求保护的专利申请类型：1——发明、2——实用新型、3——外观设计、8——指定中国的发明专利的PCT国际申请、9——指定中国的实用新型专利的PCT国际申请，第六位至第十二位数字（共7位数字）表示当年申请的顺序号，然后用一个圆点（.）分隔专利申请号和校验位，最后一位是计算机校验码。

（2）自2004年7月1日开始出版的所有专利说明书文献号均由表示中国国别代码的字母串CN和9位数字以及1个字母或1个字母加1个数字组成。其中，字母串CN以后的第一位数字表示要求保护的专利申请类型：1——发明、2——实用新型、3——外观设计，在此应该指出的是"指定中国的发明专利的PCT国际申请"和"指定中国的实用新型专利的PCT国际申请"的文献号不再另行编排，而是分别归入发明或实用新型一起编排；第二位至第九位为流水号，三种专利按各自的流水号序列顺排，逐年累计；最后一个字母或1个字母加1。本标准在此特别指出：中国国家代码 CN 和专利文献种类标识代码均不构成专利文献号的组成部分。然而，为了完整地标识一篇专利文献的出版国家，以及在不同程序中的公布或公告，应将中国国家代码 CN、专利文献号、相应的专利文献种类标识代码（参见 ZC 0008－2004《专利文献种类标识代码标准》）联合使用。排列顺序应为：国家代码 CN、专利文献号、专利文献种类标识代码。如果需要，可以在国家代码 CN 与专利文献号、专利文献号与专利文献种类标识代码之间分别使用 1。

（五）中国专利信息网

中国知识产权局专利检索中心于 1998 年 5 月成立，是国内最早通过互联网向公众提供信息服务的权威网站，2002 年后的新网址是 http：//www.patent.com.cn。它集专利检索、专利知识、专利法律法规、项目推广、高技术和广告服务等功能为一体，具有三大功能：专利检索功能；项目转让功能；发明园地功能。

检索方法：

第一步，可以使用该领域内的关键性主题词（如：人力 and 资源 and 管理）进行初步检索，找到若干篇文献。

第二步，查看这些文献中的分类号，找到合适的分类位置，再进行分类检索。

第三步，在随后的检索结果中，找出该关键性主题词的同义词、近义词，再进行检索。

最后，将上述所有检索信息（如分类号、主题词、同义词、近义词等）按照其逻辑关系进行组合，再次检索。

按照上述方法即可获得最终的检索结果。

检索时，按照中国专利、外国专利的顺序检索。如果您想查找或下载中国专利文献，您可以登录国家知识产权局政府网站 http：//www.sipo.gov.cn。检索外国专利时要使用该技术主题的英文关键词。另外还有几个相关网站：中国专利信息检索系统http：//www. odil. lib. tzc. edu. cn/view. asp？id＝254，是国家知识产权局的直属单位，承担着国家知识产权局赋予的维护和运行中国专利信息化系统、设计并建立全国专利信息系统等工作，同时具有为加速专利信息传播和促进专利技术实施而向社会提供综合性服务的职能。中国专利信息中心的工作和业务是全国专利事业的一部分，它是国家知识产权局直属的国家级大型综合性信息服务机构。

中国专利网（http：//www. cnpatent. com/）由国家知识产权局中国专利技术开发公司主办，含专利信息发布、专利咨询等。

中国专利数据库：http：//www. iprtop. com/。本网站是全国首家公益性七国（中国、美国、日本、德国、英国、法国、瑞士）两组织（欧洲专利局、WIPO）海量专利检索平台。

中国专利文摘数据库：http：//www. chinaptp. com/zlk/patent/5. htm。《中国专利数据库文摘》光盘收录了1985年9月至2004年12月31日所有专利信息（包含实用新型、发明专利）百万余条。每条信息均包含著录项目，如发明人、发明日期、公开日、公告日、优先权、摘要、法律状态、主权项等。提供二十多个检索入口，并采用浏览器方式检索、显示结果，操作简单易行，界面友好，是查询中国专利文摘最便捷的工具。

中国发明专利技术信息网：http：//www. 1st. com. cn/。本网站主要收入了最新专利发明信息。专门设置了专利新闻、专利检索等平台。

思考题：

1. 标准文献的概念、特点和作用有哪些？
2. 标准文献的类型有哪些？
3. 标准文献的检索工具有哪些？

4. 中国标准文献的检索途径是什么?
5. 中国标准的代码和编号的含义是什么?
6. 国际标准的代码和编号的含义是什么?
7. 什么是专利?专利有何用处?
8. 如何检索中国专利?

第四章 计算机信息检索

第一节 计算机信息检索的概念、特点和意义

随着计算机技术、网络技术、数据通信技术的飞速发展，人类社会进入一个全球社会经济信息化的时代，信息技术广泛应用于生产、管理、家庭及社会的方方面面。信息技术和信息资源成为社会经济进步的主要动力。

信息检索技术伴随计算机技术一同问世，两者立即紧密联系在一起，共同构成现代信息技术的一个分支。电子计算机为信息检索提供了强有力的信息处理手段，从而大大提高了人们开发和利用信息资源的能力。

一、计算机信息检索的概念

计算机信息检索（简称机检），就是利用计算机在对大量信息资源进行处理的基础上，从中查找出满足用户需求的相关信息。具体地说，就是用户通过计算机或网络终端设备，使用特定的指令、检索词和检索策略，从本地或远程计算机检索系统数据库中检索出所需要的信息资料，并通过显示、下载、编辑、输出，转换成所指定的存储格式。

由于在检索前，必须先将大量的源信息（主要是原始文献）

进行加工处理，把处理好的数据按一定程序输入到计算机中，建立数据库，并在此基础上编制检索软件，构造检索系统。因此，从广义上讲，计算机信息检索应包括信息的存储与检索两个方面。

通过对计算机信息检索概念的描述，可以看出，"机检"与"手检"在基本检索原理上是一致的，只是在手工检索时，检索提问存在于检索者的意识当中，查阅的是书本、卡片或缩微资料，并通过人们手翻、眼看和大脑思维来进行扫描和匹配，而机器检索时，检索提问必须变成机器可识别的检索语言输入到计算机中，检索对象是记录在磁带、磁盘、光盘等存储设备上的信息，扫描或匹配是交由计算机自动处理。

20世纪60年代，随着大容量计算机分时系统和强大功能检索软件的研制成功，使脱机检索发展到联机检索，计算机信息检索进入实用和全面发展阶段。1965年，美国系统发展公司就开始研制交互式联机检索系统，这种系统能够使用户直接同所检索的数据库进行通信，实现会话式交流。在此基础上产生了一大批联机书目数据库，如DIALOG等。到70年代初，随着通信技术的发展，出现了TYMNET和TELNET等数据通信网络，通信线路费用大幅度下降，使联机信息检索系统在美国及欧洲得到迅速推广；卫星通信用于计算机网络，世界各大信息检索系统纷纷进入通信网络，形成国际联机检索，从而带动数据库生产的迅速发展。目前全世界大约有几百个联机检索系统，数据库的数量仍在不断地增加。除文献型数据库外，数值型和事实型数据库增长也非常快。其中拥有数据库最多、应用最广泛的世界著名国际联机检索系统有美国的DIALOG、ORBIT、BRS系统，欧洲的ESA/IRS系统和STN系统。我国的计算机信息检索起步较晚，但发展速度很快。目前在北京、上海、广州、西安、武汉、沈阳等30个城市建立了近80个远程终端，通过国际通信网与欧美11个大型联机检索系统联机；还先后引进数据库65种，光盘数据库40余种。随着Internet技术在我国的迅速推广和广泛使用，国内数据库产业也开始迅猛发展，出现了如万方数据、清华同方这样一些大型专业数据库生产厂商，数据库产品涉及科技、经济等各个领域。

二、计算机信息检索的特点

虽然在检索原理上计算机信息检索与手工检索保持一致性，但大量的信息分析处理过程由计算机自动处理，因而较手工检索而言具有不可比拟的优势：

第一，检索速度更快。计算机接受检索提问表达式，通过信息数据各种索引文档的快速查询，迅速准确找出符合检索要求的信息。从插入一个提问到输出检索结果，平均只需几分钟时间，原来的人眼看、手翻、大脑判断等工作，被计算机强大的运算能力所代替，检索速度、检索效率不可同日而语。

第二，计算机为检索信息提供了多途径选择。在原有手工检索工具提供的检索途径基础上，贮存信息记录的每一个字段，如标题、国别、出版地、出版者、书刊号都可作为检索入口，并能实现多途径的符合检索，这也是手工检索所无法比拟的。因此计算机检索的查全率与查准率要比手工检索高。

第三，信息更新速度显著提高且更容易实现。手工检索工具出版周期长，因而不能及时反映最新信息。而对计算机信息检索系统而言，信息的更新仅仅只是对系统数据库的增、删、修改等基本操作，而且能将更新结果即时显示出来。在国际联机检索系统的大多数数据库一周至半月就更新一次，因特网上许多信息每天更新，这都使检索者获取信息的时效大大提高。

第四，消除地理障碍，淡化时空概念。目前随着网络技术的普及，许多联机数据库都通过各种通信网络提供网上服务，只要有一台计算机及相应网络通信设备,即可查询千里之外的数据库,而且与查询本地数据库一样方便、快捷。

第五,提高信息检索的交互性。随着机读数据的增长和检索系统的扩展以及计算机应用技术的不断前进,人—机交互遵循易用性原则,诸如菜单驱动、前端机、中介系统、智能接口、网关、用户透明系统等技术在信息检索中得到应用,出现了联机系统辅助工具和"用户友好"系统。这样,即使对于一个不熟悉基本检索技能的新用户,也可通过人—机对话方式进行信息查询。

当然,手工检索也有其不可替代的优点,人们可以边查找、边浏览、边思考,可以随时得到新的启发,并可通过"滚雪球"方式从一则信息跳到另一则相关信息。但是,随着计算机超文本技术、多媒体技术、人工智能、专家系统等在信息检索中的应用,将会进一步使计算机信息检索发展到更高水平。

三、计算机信息检索的意义

现代科学技术及生产的不断发展,使信息量急剧增长,人类社会也因此进入一个信息社会,信息、能源、材料成为现代社会的三大支柱。自1993年美国政府宣布推出"信息高速公路"计划以来,各发达国家纷纷拟订对策,加紧对信息资源的开发利用,以促进信息产业和高新技术产业的发展,增强其国际竞争力。现代技术经济的竞争,已主要集中在对信息及信息人才的争夺上。

在今天的信息社会里,科技人员再单靠手工检索方法已很难从大量无序的信息资源中准确获取所需资料。因此,计算机信息检索成为今后信息检索的发展方向和主要手段,通过"一个能给用户提供大量信息的,由通信网络、计算机、数据库及电子产品组成的完备网络"(《美国政府报告》),人们可以在办公室或家里查找图书馆或信息机构的文献信息资料,了解学科专业领域的世界发展水平与动向,查找所需最新各类信息。

因此,掌握计算机信息检索技术是当代职业学校学生必备的基本技能之一,因为从某种意义上来说,学会利用知识比创造知识显得更为重要。

第二节　计算机信息检索系统的构成与使用

一、计算机信息检索系统的构成

用户检索有关信息,需要在一定的环境或设备条件下才能实现。这种环境或设备条件,就是信息检索系统,计算机信息检索系统主要由下面几个部分组成:

(一) 计算机

计算机是检索系统的核心部分,统筹管理整个系统运行,其容量、速度和功能表征着整个检索系统的信息处理与服务能力。这里所说的计算机不是泛指的检索用终端机,而是系统主机或系统服务器,它可带动几十或数百个终端同时工作。

(二) 检索软件

在一个信息检索系统中,检索软件提供了对数据库的操纵性,因而它是属于数据库的开发因素,并且是这种因素中的核心因素。没有检索软件的驱动,最完善的数据库也将是一堆"死"数据,无法为人所利用,因而也不能构成一个检索系统。检索软件的质量水平,直接关系到系统检索功能的高低。

(三) 数据库

数据库就是在计算机存储设备上,按一定方式储存的相互关联的数据集合。对检索系统而言，它存储的是一条条经过处理后的信息，包括文字、图像、图形、声音、数字等，是整个系统赖以生存的信息源，在检索软件的支持下为用户所用。通俗地讲，它是一种计算机可读型的检索工具。

（四）检索终端

检索终端又称数据终端，分工作站或客户机等模式。它是一种与中央计算机连接的输入输出设备，用来执行用户与系统之间的信息交换。

通信网络是联系检索终端与本地或远程计算机的桥梁，遵循某种数据交换标准协议，如 TCP/IP、IPX/SPX，以确保用户与检索系统之间的信息传输的准确无误与畅通无阻。

只包括计算机、检索软件与数据库的检索系统叫脱机检索系统，包含通信网络在内的检索系统叫联机检索系统。

二、计算机信息检索系统的基本类型

用户的检索行为根据其信息需要，一般分为文献检索、事实检索与数据检索三大类：

文献检索——查找对象是文献资料信息及线索。

事实检索——查找对象为各种数值和非数值的混合信息。

数据检索——查找对象为数据、公式或图表等。

不同的检索需求需要利用不同的检索系统的不同信息数据库，因此，信息检索系统根据所含数据库的信息内容作为划分标准，可以分为以下几种：

（一）书目数据库检索系统

书目数据库检索系统指以书目数据为检索对象的系统，检索的目的是为了获得书目引文及原文出处，而不是现实的数据，相当于书本式检索刊物的题录或文摘部分。比较有代表性的是目前各高校图书馆自动化管理系统所提供的馆藏文献书目信息查询系统等。

（二）全文检索系统

全文检索系统也属于文献型检索系统，但它提供给用户的是整个文献的原文，而不仅仅是文献的特征信息，代表了目前数据库的发展方向，故把它提出单独列为一个类型。用户可以看到文献未经加工的原貌，并可检索到出现于文献中任何地方的文字，如清华大学的"中国学术期刊"全文数据库等。

（三）数值型或事实型等非文献型检索系统

非文献型检索系统所提供的数据包括公式、图表、化学分子式及结构式、字词典等，如各种实验数据系统、CAD 系统、金融信息系统等。

随着计算机技术的发展，信息存储及处理技术也出现深刻变化，因而也存在着诸如光盘检索系统、超文本检索系统及多媒体检索系统等基于新载体的系统类型划分方式。

三、数据库的类型

数据库是计算机检索的基础，它由经过处理的、能够提供检索和显示的一条条有序信息组成。具体地说，信息数据就是机读版的文摘、索引、目录、自由文本及科学数据汇编，还包括图形、图像、声音等多媒体信息。它们存储在计算机的磁带、磁盘、光盘等存储设备上，在系统的支持下为用户提供服务。它是衡量一个信息检索系统规模大小的重要标志。

每一个数据库由许多条记录组成，而每一条记录又由许多个不同字段构成，有的字段还可进一步分为若干个子字段或重复字段。这些字段分别描述了一条信息的各个组成部分，如题名、著者、来源出处、摘要、全文等。在一条记录中，并不要求所有的字段都存在，但一个数据库的所有记录要求有统一的字段格式。

（一）文献型数据库

文献型数据库主要以文献形式存储在相关计算机存储设备上，内容包括一次文献和二次文献。仅存储二次文献（文摘、题录、目录、索引）的数据库又称为书目数据库。它主要来源于书本式检索工具，是最常用的一大类数据库，它的价值在于提供给用户相关主题的文献信息描述，用户从中筛选出有用的知识或数据，并可根据其指引去寻找有关一次文献；存储一次文献的数据库称为全文数据库，它将文献全文存储在数据库中，用户可直接检索出相关文献的全文或其中某些段落。随着计算机存储技术的发展，全文数据库代表着信息检索数据库的发展方向。

文献型数据库约占全部数据库的 70%~80%，其中著名的有 DIALOG 的 COMPENDEX、INSPEC 及 NTIS，美国 MEAD 数据公司的新闻全文数据库 NEXIS 等。

（二）非文献型数据库

1. 数值数据库

数值数据库提供各种有关科学数据，如物理常数、科学实验数据、价格与市场行情。

2. 事实数据库

事实数据库提供各种有利用价值的事实，如产品数据库、指南数据库、资源数据库等。

3. 概念数据库

概念数据库存储各种名词术语或语言资料，如词典数据库等。

4. 图像数据库

图像数据库主要存储诸如卫星图片、工程设计图等图像信息。

5. 声音数据库

声音数据库存储内容包括音乐、自然声音等以各种声音格式（如 WAV、MID、MP3）保存的文件。

四、数据库的基本结构

为了掌握计算机信息检索的方法，必须了解数据的结构编排。所谓数据库的结构编排，就是指计算机检索系统中数据库各项记录数据项的编排方式。不同类型的数据库有不同的构造方式，在这里以书目数据库为例，重点介绍联机书目数据库的基本结构。书目数据库由若干个文档组成，通常采用的编排方式有顺排文档、倒排文档及随机文档。

（一）顺排文档

顺排文档也叫记录文档或主文档，是数据库的核心文档。它按文献存取号的顺序由小到大排列，相当于印刷型检索工具的文摘正文部分，每篇文摘为一条记录，每条记录相当于文摘刊物的一条文摘款目。计算机检索时按存取号顺序查找，因而所占用的系统时间长，故一般采用批处理方式查找最新文献，比较适用于定题服务。

（二）倒排文档

倒排文档也即我们通常所说的索引文件，它是为了提高检索效率，降低占用系统资源时间而建立的，相当于检索工具的索引部分。它是在顺排文档基础上，将各个文献记录中的标识（如著者、标题）按一定顺序排列起来，有关的文献入藏号和包含该标识的文献篇数列于该标识下。在具体检索文献信息时，与顺排文档结合，可快速定位查找指定记录，而不必从数据库的第一条记录起一次次顺序查找，而且根据不同检索途径和需要可生成不同的倒排文档。倒排文档的使用大大减少了查找顺排文档的工作量,从而提高了检索的速度与效率。

（三）随机文档

随机文档是与顺排文档相对应的另一种存储方式,文档中的记录按随机方式存放在支持直接存取的计算机存储设备上,在记录的关键码与存放该记录的地址之间建立某种关系,根据这种关系来确定该记录在文档中的位置以及对文档进行存取的方式。它的特点是:对文档中的记录可以随机存取,而不考虑记录在文档中的排列顺序,数据的存取时间与存储位置无关,从而使文档的更新维护更为容易。

五、计算机信息检索的服务方式

（一）定题服务

定题服务又称现刊检索或最新文献检索,它是根据用户确定的检索策略,长期保存在检索系统主机中,检索系统定期将数据库增加或更新的记录自动按检索式执行,并按用户事先指定的格式输出或传递给用户。它可在系统使用低峰值阶段成批处理,因而费用较低。

（二）回溯检索

回溯检索除查最新资料外,也可以回溯查询某一特定时间内所有的文献信息资料。它根据用户要求对数据库中存储的所有信息进行全面检索,比较适合于开展课题研究之前的文献调研、技术查新或技术综述等。回溯检索一般以联机方式为主,用户能够及时修改检索策略,直至取得令人满意的检索效果。

（三）联机订购

通过检索得到的大多不是全文,而是二次文献,如题录、索引、文摘等,若需要进一步查看全文,可通过检索系统向有关系统联机订购。

另外，随着 Internet 技术的发展，目前国际大型联机信息检索系统网络服务也朝着多元化方向发展，提供诸如电子邮件（E-Mail）、文献浏览、文件的上传与下载、文字处理与出版、电子公告、电子会议、全文检索等多方面的服务。

六、计算机信息检索的基本方法与步骤

要完成某一特定课题的检索，一般需要完成以下几个步骤：

第一步，选择数据库。

根据选题所属专业范围，确定正确的、适合自己检索课题的数据库。选择一个合适的、针对性强的数据库是非常重要的，不仅要求用户对系统各数据库的文献收录范围及主题十分熟悉，而且还要求用户对所检课题的专业性质非常了解。这一工作可以与专业检索人员共同完成，也可利用系统联机帮助来实现。

第二步，选择检索词。

通过深入分析课题，把所包含的学科、专业、概念、事物及相互关系逐一分析出来，借助检索词表转换为规范的检索词。目前，随着全文检索数据库的发展，出现基于自由词的自由文本检索，以及中文数据库的单汉字检索模式，大多采用不规范检索词，在这里我们不作详细介绍。检索词的选择非常重要，它直接关系到检索结果的正确与否。

第三步，制订检索提问式。

将所选择的检索词用布尔逻辑算符组配成既能表达用户提问，又能为计算机判读的检索式，即提问表达式。

提问式是检索策略的具体表现，又是上机检索所用的检索指令的主要成分。一个良好的检索策略可以获得较为令人满意的检索效果。

第四步，上机检索。

做好上述准备工作后，一般应填写检索提问单，检查经核实

后即可联机检索,具体步骤如下:

(1) 建立检索终端与联机检索系统间的通信联系。
(2) 选择数据库或待检文档。
(3) 输入检索提问式,即经过组配的检索词。
(4) 审核命中文献:通过显示检出的文献信息,决定取舍。
(5) 优化检索结果:通过布尔逻辑运算符及检索词的调配,扩大或缩小检索范围。
(6) 打印检索结果。
(7) 退出系统,切断与通信网络的连接。

上机检索时,应尽量做到迅速、准确,以最快速度完成全部操作,减少占用系统资源时间,以节省费用。当然,这与前期准备工作的充分程度密切相关。

七、常用的联机系统检索指令

联机信息检索是通过"人—机对话"方式来执行检索用户与系统主机之间的操作,这些操作是通过一些特定的指令来实现的。每个系统由于所使用的操作系统及检索软件的不同,都有自己独特的指令,只接收本系统所规定的指令并如实执行指令规定的具体内容,故用户需要了解和熟悉这些指令,才能执行具体操作,看懂检索结果。

八、检索策略的编写方法

检索策略的实施主要体现在检索提问式的构造方面,除了运用布尔逻辑运算符外,通常还可使用位置算符、截词符、检索范围符等,还可采用加权方法,以限制检索范围,达到精确检索的目的。

(一) 布尔逻辑运算符

从前面的介绍我们知道,如果检索课题为一复杂概念,就需要将其拆分成几个概念单元，通过概念组配方法构成检索提问式。概念组配在计算机中就表现为布尔逻辑运算。常用的逻辑运算有"与"、"或"、"非"。

1. 逻辑"与"——AND 或 *

逻辑"与"表达概念之间的交叉与限定关系，用来连接两个或多个不同的检索词，只有同时满足这些概念的文献信息才算检中，如"机械设计 * 计算机 * 图形处理"，代表的是"计算机图形处理在机械设计中的应用"这一复合主题。

通过逻辑"与"的组配，主要用来限制主题范围，以达到缩小检索范围，提高查准率的目的。

2. 逻辑"或"——OR 或 +

逻辑"或"表达概念之间的并列关系，即满足连接的多个概念之间的任何一个检索词都算检中，如"数字信号 + 模拟信号"，表示"数字信号或者是模拟信号"这样一个概念。

因此，逻辑"或"组配增加了主题词的同义词，起到扩大检索范围，以提高查全率的作用。

3. 逻辑"非"——NOT 或 -

逻辑"非"表达概念之间的删除关系，即从原检索范围中剔除掉一部分不需要的内容，如"工业机器人 - 机械手"，表示除"机械手"之外的其他工业机器人方面的文献信息。

逻辑"非"从另一个角度起到与逻辑"与"相同的作用，即缩小检索范围，提高查准率。

（二）截词检索

截词是指检索者将检索词在他认为比较合适的地方截断，也称模糊检索，又称为词干检索法。运算符为"?"或"*"或"#"以符号取代检索词中的部分字母从而检出相同词干的词。

1. 无限截断

无限截断是指检索词与被检索词实现部分一致的匹配，截断部分没有限定的多少个字符，截取符用"*"表示。

（1）前截断。

前截断是将截词符号放置在一个字符串左方，检索词与被检索词词头有所变化，也叫后方一致的检索。例如："*magnetic"可以检索出含有 magnetic（有磁性的）、electro-magnetic（电磁的）、patamagnetic（顺磁的）、thermo-magnetic（热磁的）等词的文献。

（2）后截断。

后截断是将截词符号放置在一个字符串右方，检索词与被检索词之间词尾有所变化，也叫前方一致的检索，例如："comput*"可以检索出含有 computer, computers, computing 等词的文献。

2. 有限截断

有限截断允许截去有限个字符。符号用"?"表示，例如："leukem?"检索出含有 leukeia, leukemid, leukemic 等词的文献。

3. 中截断

中截断检索词与被检索词词头和词尾相同而中间部分有所变化。符号用"?"表示，例如：输入"m?n"检索出"man 和 men 的文献。输入 organi?ation 检索出含有词 organization 和 organisation 的文献。

利用截词检索可以提高检全率，扩大检索范围，简化检索步骤，节约检索时间，减少检索词的输入量。

（三）位置检索

位置检索是指检索词之间相邻位置，限定检索词之间的位置关系，提高检准率，弥补布尔逻辑检索中只规定的检索词范围的不足。位置运算符号用"（）"括起，前后不留空格，常用位置运算符有：

1. (W) 算符和 (nW) 算符

(W) 算符是"with"的缩写,检索词词序不许颠倒,两检索词之间不许有其他的词或字母,但允许有空格、标点。如 A (W) B, Computer (W) Education:Computer Education。

(nW) 是从 (W) 算符中引申出来的,(nW) 算符允许在连接两个词的中间最多插入 n 个单元词,词序不变,如 A (nW) B。

2. (N) 算符和 (nN) 算符

(N) 算符是"Near"的缩写,算符两边的检索词必须相邻,不可插入其他的单词或字母,但词序可变,如 A (N) B,B (N) A。

(nN) 算符表示允许两词之间最多插入几个单词。并且这两个检索词的词序可以颠倒。

3. (F) 算符和 (S) 算符

(F) 算符是"Field"的缩写,表示两个词必须出现在同一字段中,词序没有限制,中间可以插入任意检索词。

(S) 算符是"Sentence"的缩写,表示检索词出现在同一个句子中,词序没有限制,中间可以插入任意检索词。

(四) 字段检索

字段是数据库中记录的下级单位,一个字段即是一个著录项目。字段检索是一种限定检索词在数据库记录中出现的字段范围的一种检索方法。

字段检索法分为两种:

(1) 主题字段检索(题名,主题词,文摘等)。

(2) 非主题字段检索(作者,文献类型,语种,出版年份等)。

字段检索主要用于两组概念之间的比较关系,在某些数据库管理系统中用到这种关系,如 FOX 数据库,根据所给定的条件,用于进行字符串之间的比较。

各种符号可以混合起来使用，以表达不同的信息需求。但一般来说，最好是将一个检索的各个组成部分的检索词组成一个完整的提问式，将相关的概念"或"起来，然后再将不同的概念组"与"起来，做到条理清楚，以便及时发现错误，修改检索策略。

综上所述，构造检索式是一项高级的智力劳动，很难实现自动化，一般的用户接口都采用菜单选择或命令交互式对话来构造检索式，有的系统还能在选词和概念开发方面提供某种帮助。随着用户界面的不断开发，有的系统接口只要求用户掌握极少数命令如"AND"（增加检索词）和"SEARCH"（执行检索），而不必知道布尔算符或类似的东西，在命令行中用户输入自由词或叙词，系统自动使用传统布尔检索法执行检索；有的系统预设布尔运算符，用户只需在系统表单中填入检索词，然后选择逻辑运算符，点击"SUBMIT"（提交），系统自动组配检索式进行检索。但总的说来，这只能在一定程度上提供用户以帮助，适用于比较简单的检索策略，如果要取得令人满意的效果，还需用户掌握检索式的构成原理，精心、准确、合理地组织概念单元。

思考题：

1. 什么是计算机检索？计算机检索有何特点？
2. 布尔逻辑检索有何作用？
3. 计算机信息检索有哪些方法？

第五章 光盘检索

光盘是 20 世纪 80 年代信息技术领域中升起的一颗新星,是利用激光、计算机、数字通信和光电集成等现代高科技的结晶。它与计算机相结合,为人们提供了一种崭新的检索环境和系统模式,对计算机情报检索和信息服务业产生了深远的影响。

第一节 光盘的定义及光盘检索的特点

一、光盘的定义

光盘即高密度光盘是近代发展起来的不同于磁性载体的光学存储介质,用聚焦的氪离子激光来处理高录介质的方法存储再生信息,又称激光光盘。

光盘存储技术的研究始于 20 世纪 60 年代,真正获得发展在 70 年代。1972 年用聚焦的氪离子激光来记录介质上烧蚀腐孔的方法录制电视节目,用氪—氖激光扫描信息轨道,按反射强度的变化再现已录的信息。1978 年激光唱片正式在市场出售,1982 年出现了记录带有声音的静止图像的光盘,1984 年日本研制出可反复擦写的光盘。

目前,借助于各种软、硬件,光盘已可进行数据、图像、声音的综合处理。

二、光盘检索的特点

第一，检索快捷迅速、准确度极高。
第二，存储容量大。
第三，稳定性与数据保存性好，坚固耐用。
第四，保存时间长。
第五，结构小巧，性能价格比高。
第六，占用的资源及物理空间很小。

第二节 光盘检索系统

一、光盘检索系统的定义及构成

光盘检索系统是利用光盘驱动器和光盘数据库及其检索软件、结合计算机建立起来的信息检索系统。光盘检索使用的主要设备包括光盘、光盘驱动器、检索软件和相关的软硬件设备。光盘检索可分为单机检索与网络检索。

二、光盘检索的优势和局限性

光盘检索的优势：

第一，光盘检索系统是一个独立的计算机检索系统，在检索过程中不涉及远程通信网络，这就避免了国际联机所带来的通信线路不畅和收费昂贵等问题。

第二，光盘检索系统软件功能齐全，操作简单，且不受检索时间限制。

第三，光盘系统费用是一次性投入，其使用时间一般不受限制。

第四，光盘的成本极低，可存储海量信息，内容补充亦相对迅速、方便。

光盘检索的局限性：

第一，光盘数据库更新周期较长。因为 CD – ROM 是只读式光盘，数据库信息的更新必须更换新的光盘，而光盘数据库大多采用较长的更新周期，不能满足时效性要求较高的检索需要。

第二，光盘检索信息量有限。相对于传统印刷品，光盘具有更大的信息量，但与联机检索系统庞大的数据库相比，其信息量仍然是有限的。这些局限性可采取连接一定信息源，不断稳步、恒定地补充光盘资料、信息等来弥补。相较而言，占用经费较少。

第三节　光盘检索数据库

一、中文光盘检索数据库

中文光盘检索数据库包括中文期刊数据库、中文社科报刊篇名数据库、中国人民大学复印资料全文数据库、中国学术期刊等。

（一）中文期刊数据库

《中文期刊数据库》光盘数据库由中国科技信息研究所重庆分所出版，是目前国内容量最大的综合性文献题录型数据库。它收录了国内出版的中文科技期刊 5 000 多种（包括部分港台期刊）。数据量数据每半年更新一次。

该数据库共涉及 16 个专业大类，它们是：综合、数学、力学、物理学、化学、化工、石油、生物、农业、水产、环境保护、地球、天文、矿业、冶金、机械、动力、电工、无线电、自动化、轻工、纺织、航空、航天、交通、建筑、水利、医学、图书、情报科学。

著录项目：分类号、著者、篇名、著者单位、刊名、主题词、信息出处、文摘。

检索功能：除可以从分类号、主题词、著者、刊名等入口进行检索外，还可对篇名进行全字段扫描检索，并具有前方一致和逻辑组功能。

辅助功能包括用户馆藏库接口、检索年代限制、引用期刊索引及同义词表查询等。

检索方法：

1. 使用模糊查询

例如：需查找《红楼梦》，只需在书名文本框处输入"红"字或"红楼"即可查询出书名包含"红"或"红楼"的图书，而无须输入完整的书名；"出版社"和"作者"也可同样处理。

2. 使用中图法分类查询

（1）在"分类树"中点击分类信息文字前的"十字图标"，"分类树"将显示下一级分类信息；

（2）点击分类前的"十字图标"，直到分类的最后一级即分类信息文字前没有"十字图标"为止；

（3）点击分类信息文字，在图书显示网格中显示该分类的图书。

（二）中文社科报刊篇名数据库

中文社科报刊篇名数据库具有信息量大、检索点多、查检速度快等特点，是全国报刊索引新一代电子版检索工具。该数据库收录了全国哲学社会科学期刊5 000多种，报纸200多种。

（三）中国人民大学复印资料全文数据库

中国人民大学复印资料全文数据库涵盖面广、信息量大，分类检索方法科学。

（四）中国学术期刊

（1）光盘与印刷版期刊相辅相成。

（2）光盘所选内容选择公开发行刊物的各类期刊。

二、英文光盘检索数据库

（一）美国工程索引

《工程索引》（The Engineering Index，简称 EI）创刊于 1884 年，是美国工程信息公司（Engineering information Inc.）出版的著名工程技术类综合性检索工具。EI 每月出版一期，文摘 1.3 万至 1.4 万条；每期附有主题索引与作者索引；每年还另外出版年卷本和年度索引，年度索引还增加了作者单位索引。出版形式有印刷版（期刊形式）、电子版（磁带）及缩微胶片。EI 选用世界上工程技术类几十个国家和地区，15 个语种的 3 500 余种期刊和 1 000 余种会议录、科技报告、标准、图书等出版物。年报道文献量 16 万余条。收录文献几乎涉及工程技术所有领域，例如：动力、电工、电子、自动控制、矿冶、金属工艺、机械制造、土建、水利等。它具有综合性强、资料来源广、地理覆盖面广、报道量大、报道质量高、权威性强等特点。

（二）英国科学文摘

英国科学文摘（INSPEC）是理工学科最重要、使用最为频繁的数据库之一，由英国机电工程师学会（IEE，1871 年成立）出版，专业面覆盖物理、电子与电气工程、计算机与控制工程、信息技术、生产和制造工程等领域，还收录材料科学、海洋学、核工程、天文地理、生物医学工程、生物物理学等领域的内容。目前在网上可以检索到自 1898 年以来全球 80 个国家出版的 4 000 多种科技期刊、2 200 多种会议论文集以及其他出版物的文摘信息。

思考题：

1. 什么是光盘？光盘检索的特点是什么？
2. 光盘检索的优势和局限性是什么？
3. 请利用 www.google.com 检索目前主流的光盘检索系统有哪些？

第六章 互联网信息检索

第一节 概 述

Internet（国际互联网）是用标准通信方式（TCP/IP）将全球计算机网络连接起来的网络体系，具有信息量大、传播速度快、覆盖面广、反馈直接等特点，并有文字、数据、图像和声音等多种媒体形式。通过 Internet，用户可以获取各方面的信息资源，还可进行网上购物、网上通信、远程教学、电子商务、远程会诊等，可以说 Internet 是一个集合各专业、各领域和各种资源为一体的供网上用户共享的信息资源网，其检索方式已成为信息检索的主要途径之一。

一、互联网提供的主要服务

Internet 提供的服务众多，从不同的角度划分为不同的形式。

（一）按内容的组织及其表现方式划分

1. 电子公告

电子公告包括如新闻、广告、工作机会、合作机会等。

2. 专业电子期刊（Electronic Journal）

专业电子期刊如中文科技期刊、中国学术期刊等。

3. 数据库

数据库可分为以下几种：

（1）书目数据库（Bibliographic Database）：一般含有能指引

用户索取原始文献的引文和摘要。

（2）数值数据库（Numerical Database）：收录原始数据资料，可从统计中得到数值和数据。如世界卫生组织统计信息系统（WHOSIS），其网址为 Http：//www. who. int/whosis。

（3）事实数据库（Fact Database）：存储用来描述人物、机构、事物等信息的情况、过程、现象的事实数据。如中国中成药商品数据库，其网址为 Http：//www. cintcm. ac. cn。

（4）全文数据库（Full – text Database）：数据库记录中含有文献的全文或全部原始记录。

4. 电子信件。

电子信件是利用网络的电子邮箱发送的电子信件（E – mail）。

5. 联机电子会议。

联机电子会议是指借助宽带网络召集不同地点的人员进行会议。

6. 专业公共软件，如实验数据分析软件等。

7. 实时动态数字化视频播放。

实时动态数字化视频播放，是指网上实时动态播放的各种文献、视频等。

（二）按 Internet 的功能和服务划分

1. 电子邮件资源（E – mail）

为接收邮件，每个邮政用户必须具备一个"信箱"，即一部分磁盘空间，用以保存收到的邮件，以供以后阅读和处理。每一个电子邮件信箱具有唯一的地址。电子邮政地址由两部分构成：用户号@主机的域名地址。E – Mail 允许一个用户接收电子邮件，同时向多个收信人发送同一信件，传送包括文本、声音、影像和图形在内的多种信息，向 Internet 以外的网络用户发送信件，向一台计算机发送信件并由程序自动对信件内容进行处理等。

2. 电子公告板和网络新闻

电子公告板（BBS）是 Internet 网络上最著名的信息服务之一，它开辟一个"公共"空间供所有用户读取其中信息。它允许一个用户选择若干个专业和兴趣组、定期检查是否有新的消息；"张贴"供别人阅读的文章；"张贴"对别人文章或某条新闻的评论等。网络新闻（News Groups）是一种最为常见的电子公告板形式，在这里每个电子公告板被称为一个网络新闻组，每一则信息称为一篇文章（Article），每一篇文章采用电子邮政的方式发给网络新闻组。

3. 专题讨论组

现在的电子邮件系统都允许用户采用"一对多"的发信方式。这种"一对多"的通信最主要的特点是允许用户定义一个收信人组，当系统收到向这个组发来的信件后，自动将信件内容的复制件送往组内每一个成员的信箱内。这种收信人组被称为邮件名单或专题讨论组（Mailing List）。一个公共的讨论组允许用户从 Internet 上的任何一台计算机发出信件，讨论组所在的计算机中的邮件分发程序（Mailing Exploder）负责对这一信件进行复制和散发。

4. 文件传输服务

文件传输服务（File Transfer Protocol，FTP）是以其遵守的文件传输协议（File Transfer Protocol FTP）命名的，它允许用户发送和接收或下载非常大的程序或数据文件。FTP 规定了在 Internet 网络上如何传输文件，通常要由专门的 FTP 程序来具体实现。用户可以通过记名或不记名（匿名）连接方式对远程服务器进行访问，查看和索取需要的文件，也可以将本地主机或节点机的文件传输到远程主机上。

5. 远程登录资源

远程登录（Remote Login）资源包含许多大型文献、数值数据库远程登录的基本功能，是把用户所使用的终端或者主机变成远程某一主机（服务器）的终端，这种终端称为远程仿真终端，建立连接后，用户就好像直接坐在世界任一角落的计算机服务器的终端前，使用其软件和硬件资源。实现远程登录可使用 Telnet 应用程序。

二、互联网信息检索的特点

与传统的信息检索，如手工检索、联机检索等相比，网络信息检索有其自身的特点，主要表现在：

第一，必须借助网络检索工具。

第二，基于超文本结构。

第三，检索方法的多样性。

第四，多媒体检索。

第二节 互联网信息检索步骤及过程

一、互联网信息检索步骤

要迅速高效地从网上获取所需信息，应充分利用检索工具，具体的检索过程由以下三个主要步骤组成：

（一）选取检索词

检索词（关键词）是网络用户向计算机表达自己信息需求的中介，它的选取准确与否将直接影响检索的最终结果。

1. 选取检索词的困难

在实际的信息检索中普遍存在需求表达与实际需求之间的差距问题，从而给选取检索词造成了困难，究其原因主要有：

(1) 来自主体人——表达的简单化和需求的潜意识。

在信息检索过程中,信息供应方期望用户能很好地表达需求,而信息的索取方则往往是由于不很了解某一对象才需要获取有关该对象的信息,因此往往无法清楚地描述想要了解的东西,除非是存在唯一答案的简单查询,因此表达出来的需求与真正的需求之间往往存在差距,即存在表达的简单化与需求的潜意识之间的矛盾。

(2) 来自语言本身的复杂性。

语言本身的复杂性也为检索词的选取造成了困难,较典型的有:a. 同物异名,即同一事物具有多个名称的现象。一个给定概念可能有多种名称;同一种东西,在不同地区,不同时间,不同场合,可能有不同称呼和名称。比如 WWW 又称万维网,环球信息网等。b. 全称简称,一个事物可能既有全称又有简称,这一点也同样可以在检索词选取时造成困惑。比如北京大学和北大,中国科学研究院和中科院等。c. 异称,一个事物可能在不同环境,不同场合有完全不同的称呼,比如土豆和马铃薯,网络适配器和网卡等。

2. 选取检索词的方法

(1) 定义分析法。

定义分析法通过对某一事物下定义,从其定义中获得对检索有用的同义词和相关词,来进一步说明检索目的,以达到更佳的检索结果。

(2) 内容分析法。

内容分析法就是对一个事物或概念作比较深入的说明,通过对其内容的说明和展开,得到更多的检索线索,得到更为全面、准确的检索词和检索式,提高检索效率。

(3) 同素查找法。

同素查找法的实质是查找与对象包含相同元素的其他对象,

具体做法是利用检索对象所包含的元素进行检索。

(4) 同属查找法。

所谓同属查找法，就是在对象所属系统中查找该对象的同类。通过对含某对象的系统的了解达到对该对象的全面了解。也就是说要查找 A 的同类，可以先查找含 A 的系统，然后从含 A 的系统中选出与 A 相似或相匹配的对象。

(5) 同构查找法。

同构查找法就是在查找特定事物时，将该事物的属性作为查找对象，利用两个或多个"属性词"构成复合检索条件，属性词不是检索概念的同义词，但它们以逻辑乘方式进行复合时，却能够很好地击中所需信息。

(6) 同现查找法。

同现查找法先将该词作为检索词找到含有该词的语句或语篇，然后根据上下文找到能进一步精确表达需求的检索词。它可以据上下文范围分为三种情况：词内同现查找，句内同现查找，语篇同现查找。

(二) 生成表达式

检索词选出以后，要形成一个简单、明确的表达式，才能使服务器很好地理解你的需求。在形成表达式的时候，要注意删除不具有检索意义的虚词及其他非关键词；删除过分宽泛和过分具体的限定词，以及存在蕴涵关系的可合并词；可使用更明确、更具体、更本质、更可行的概念作为替换词代替原有表达欠佳的词；使简称词全称化；增加限定词来控制检索范围等。

具体在生成表达式时，还需要掌握一些语法规则，来明确表达你的信息需求：a. 双引号用于查询完全符合检索字符串的信息。b. 在检索词前加"t:"时搜索引擎只显示在网站名称中含检索字的网站，而在检索词前加"u:"时则仅在网址中查询。c. 表示逻辑关系的语法：在表达式中，and 用"&"来表示，or

用"|"来表示，not 用"!"来表示，多个检索词用","或分割号以及"+，-"号联结。"*"号通配所有字符，"?"号通配一个字符，空格表示几个查询的并。

经过上述工作，运用相关方法和规则我们就会得到一个比较完美的检索表达式，剩下的就是把它输入搜索引擎，查看结果了。

（三）进一步检索

也许，经过第一次的检索，你并没有得到你想要的信息，不要紧，下面介绍一种进一步检索的方法，即三阶段检索方法。其示意图如下：

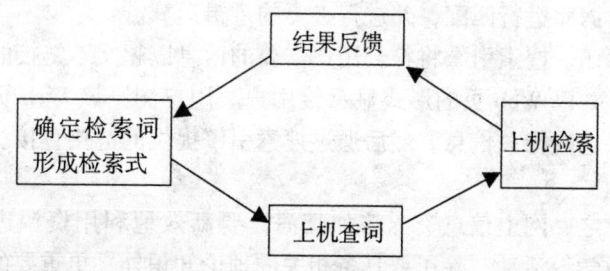

第一阶段：选择检索词，确定检索的基本方法。
第二阶段：上机检索。
第三阶段：处理检索结果，浏览文献并给出反溃信息，筛选出符合研究课题要求的相关文献信息。

这种方法实际上是一次性检索的展开，它通过反馈流程的导入，进一步解决了表达与需求之间的矛盾，更大程度地利用了计算机和网络的潜能，使信息检索者最终得到满意的检索结果。

二、互联网信息检索的过程

第一，搜索引擎通过搜索软件自动搜集各种网络信息或者由人工搜集信息；然后由专门的标引软件或专业人员对所搜集到的信息进行分类标引等处理，并把结果存入索引数据库。这是网络信息检索的前提条件。

第二，搜索引擎通过 WWW 服务器软件为用户提供浏览器界面下的信息查询。用户根据需要，按照搜索引擎的检索规则，构造合适的检索表达式，并把检索要求输入检索界面中的检索输入框（通常是 Form 的形式）。检索界面为用户与搜索引擎的交互提供了条件。

第三，搜索引擎对用户的检索提问进行适当的处理，如发现语法错误就返回用户进行更改，有的搜索引擎还能对检索提问进行智能化处理，如加入一些同义词等。然后搜索引擎将提问式与索引数据库进行匹配，并进行必要的逻辑运算。

第四，搜索引擎将符合用户需要的信息以超文本链接的方式返回，并以 Web 页的形式显示给用户。用户浏览该 Web 页，查找感兴趣的相关信息，然后通过搜索引擎提供的链接直接访问相关信息。

总之，网上信息资源浩如烟海，要高效地利用资源进行学习、教学等活动，除了要具备相关的理论知识外，更重要的还是大家在实际的使用过程中不断总结经验，不断提高，养成良好的信息素养，以适应飞速发展的信息时代。

第三节　Internet 检索工具及常用搜索引擎的简介

一、Internet 检索工具

信息检索工具是影响信息检索效率的关键因素。网络检索工具大致可分为以下三大类型：

(一) 字典型查询工具

字典型查询工具用于查询网上用户名、E-mail、URL、服务器地址等。这类工具有 White Pages Directory, Internet Yellow Pages, whois, DejaNews, FAQ Archive 等。

(二) 索引型查询工具

索引型查询工具为网上信息资源建立索引，这类工具包括 FTP 资源的索引 Archie, Gopher, 资源的索引 Verronica, Jughead, 网上服务器的索引 Wais 等。

(三) 交互式查询工具

交互式查询工具提供类似商用联机检索的网络信息查询服务。这类工具基本可分为 Gopher 和 WWW 两类。Gopher 是一种嵌套菜单式查询工具，WWW 是 Internet 上发展最快、信息最丰富的一种检索服务程序。目前大多数 WWW 检索工具可检索 FTP、Gopher 等信息。

二、常用搜索引擎简介

WWW 检索工具按其性质可分为两大类——搜索索引和搜索目录。搜索索引又称为搜索引擎，它利用一种被称为"蜘蛛（Spider）"的软件工具在 Web 上搜索，采集必要的信息并将其编入自己的数据库中。用户检索时直接输入关键词，搜索引擎根据一定的规则将检索方式与其数据库中的文献进行匹配，从而生成结果清单。搜索目录又称主题指南或主题目录。它将各站点按主题内容组织成等级结构。检索者依照这个目录逐层深入，直到找到所需文献。

目前许多网站上流行的检索工具都不是单纯的搜索引擎或搜索目录，而是这两者的结合，如 Infoseek, Lycos 等。它们不仅可以按关键词查询，还可以按目录查询。因此搜索引擎的含义也变得更加宽泛,很多情况下,搜索索引和搜索目录统称为搜索引擎。另外还有一种被称为元搜索引擎(meta search engine)的检索工具。它可以同时检索多个搜索引擎的数据库,并将结果列在一份清单上。

搜索引擎(Search Engine)是最重要的网络信息检索工具之一,使用它可以快速地从铺天盖地的网络信息中检索到自己所需要的信息。

(一)搜索引擎的分类

目前 Internet 上的搜索引擎很多。按不同的分类标准,可以将它们分为不同的类型。如果按搜索引擎的内容分,可以分为综合类搜索引擎和专业类搜索引擎。如果按其信息的组织方式分,则可以分为目录式搜索引擎、索引式搜索引擎和元搜索引擎。

1. 按内容划分

(1)综合类搜索引擎。

目前 Internet 上使用的搜索引擎大多数是综合类搜索引擎。这类搜索引擎涉及的内容极其广泛,涵盖了各学科各专业的各种各样的信息,因此这类搜索引擎的规模通常比较大,适合于各个主题的信息查询,能满足各类用户的检索要求,尤其是对于查询跨学科主题有较好的查全率。但是,在检索某一特定领域、特定专业的信息时,效率比较低,查准率不太理想。著名的 Yahoo!、Excite、Google、InfoSeek 以及国内的 Sohu、百度、天网、新浪等都是综合类搜索引擎。

(2)专业类搜索引擎。

专业类搜索引擎只涉及本领域、本学科专业的信息,因此规模通常比较小。由于这类搜索引擎通常由专业人员编制而成,而且某一学科专业的信息相对集中,因此它具有"小而精"的特点。在查询特定领域的信息时,使用专业类搜索引擎不但可以提高检索速度,还可以提高专指度,加大检索的深度和力度,最终提高查全率和查准率。

2. 按信息的组织方式分

(1) 目录式搜索引擎。

目录式搜索引擎主要通过人工发现信息,并依靠标引人员的知识进行甄别和分类,由专业人员手工建立关键字索引,建立目录分类体系。用户在利用目录式搜索引擎时,可进行浏览查询,从最高层目录开始,逐层深入,直到找到所需的信息为止;也可以进行关键词检索。由于这类搜索引擎主要依靠人工编制,所以通常数据库的规模比较小。也正因为人工编制,这类搜索引擎的质量通常比较高,检索效率较好。如果用户不能详细确定查询的关键词或者用户只想全面了解某一方面的信息,使用目录式搜索引擎的效果比较理想。目录式搜索引擎最著名的代表是 Yahoo!,http://www.yahoo.com。

(2) 索引式搜索引擎。

索引式搜索引擎主要依靠一种被称为"蜘蛛"、"机器人"等的计算机程序有规律地遍历整个网络空间,根据网络协议和程序自身的有关约定,记录网上的信息,并对其进行加工、整理,将信息加入到索引数据库。根据一定的规则,及时地对数据库进行补充与修改。用户在使用索引式搜索引擎时,只需输入检索主题的关键词,该搜索引擎就自动将用户输入的关键词与索引数据库进行匹配,然后将符合用户需要的信息以用户希望的方式显示出来。这类搜索引擎主要依靠计算机程序,所以在信息的采集上比较及时,采集信息的范围也比较广泛,但是由于其中的人工干预很少,所以信息的质量不如目录式搜索引擎。索引式搜索引擎一般由四个部分组成:信息搜集模块(也称蜘蛛程序 Spider),蠕虫、爬虫或巡视软件、索引模块,查询模块和用户界面模块。著名的索引式搜索引擎如:AltaVista:(http://www.altavista.com),Excite:(http://WWW.excite.com),Hot-

Bot：（http：//WWW.hotbot.com），InfoSeek：（http://WWW.infoseek.com），网络指南针：（http：//compass.net.edu.cn：8010），台湾番薯藤：（http：//search.yam.org.tw），Google：（http：//www.google.com），百度：（http：//www.baidu.com）等。

目录式搜索引擎和索引式搜索引擎之间的界限越来越模糊，大多数的网络检索工具同时提供两种方式的检索，从而使目录式搜索引擎的组织、引导功能与索引式搜索引擎的检索功能很好地结合起来，如著名的目录式搜索引擎 Yahoo！曾经与索引式搜索引擎 Excite 挂接，Excite、Lycos、WebCrawler 等索引式搜索引擎也分别增设了各种形式的分类目录。这种担负了网络资源主题指南和索引双重责任的混合型搜索引擎代表了搜索引擎的发展趋势。

（3）元搜索引擎。

元搜索引擎又称集合式搜索引擎，它将多个搜索引擎集成在一起，并提供一个统一的检索界面。这样省去了用户记忆多个搜索引擎的不便，使用户的检索要求能同时通过多个搜索引擎来实现，从而获得全面的检索效果。元搜索引擎又可分为并行式元搜索引擎和串行式元搜索引擎。

在 Internet 发展的过程中，先后曾产生过查询 FIP 服务器中特定文件的 Archie 检索服务、基于菜单的 Gopher 检索服务、基于关键词的 Wais 文档检索服务以及基于超文本的搜索引擎（Search Engine）检索服务。随着 WWW 而出现的搜索引擎不仅能够进行文本信息检索，还能提供音频、声像等多媒体检索、软件下载、新闻组查询、电子邮件申请等一系列网络服务而成为当今网络检索工具的主流。它实际上是个专用的 WWW 服务器，其工作原理是利用自动搜索软件沿着 WWW 的超链，搜索整个 WWW 上的主页，然后为这些主页的每个文字建立索引并送回集中管理的索引数据库。它将各站点按主题内容组织成等级结构，提供给用户按目录逐层深入方式查找信息，又可在其程序中键入需检索的关键词，搜索引擎在自己的数据库中找出与该关键词匹配的 URL，并显示检索结果，用户再根据需要选择访问相关站点。

（二）搜索引擎的检索

1. 搜索引擎的功能

基于范畴层次检索的分类目录检索和基于词语检索的主题检索是 Web 搜索引擎的两种基本类型。为方便用户检索，目前国内外大多数搜索引擎都已融合了两类搜索引擎的基本功能。

（1）分类目录检索：网络分类目录（Web Directory）提供按类浏览查询方式。其原理是网络目录提供 Internet 上其他站点的列表，把这些列表按主题目录和子目录方式组织。用户在使用分类目录时，首先通过搜索引擎的分类目录，再从顶层逐步向下查询子目录。当用户发现所需站点时，只要点击它，即可进行超文本链接此站点。网络分类目录有以下几种分类方式：

①主题分类法是把事物纳入相关的主题目录，并将与此事物相关的内容全部集中在主题目录下，便于用户的特性检索。主题法一般设置多个一级主题类目，在下设次级目录，其层次多为四级。在最后一级列出超文本的链接点，多数链接点伴有相应网页内容介绍。这种分类法以事物为线，适应交叉主题的主题查找，但对网络资源的覆盖率有限。

②学科分类法则是以学科作为分类的标准，层层划分，在一级类目下设立二级、三级类目。这种分类法具有更大容量，便于用户的族性检索。如国家数字图书馆就采用《中图法》的分类体系提供查询。

③分面组配分类法：这类搜索引擎往往设计了两个分面，在查询时，两个分面的类目以及子类目可相互组配，从而提高专指

度,以保证较高查准率。中文搜索引擎"中华网目"就采用了分面组配分类法。

(2)主题检索:大多数搜索引擎一般在首页中都有检索对话框,允许用户输入欲查询主题(关键词),搜索结果由搜索引擎检索软件自动处理。其原理是:搜索引擎利用不同的软件和技术,自动地访问大量Web页,并将这些页面的文本信息储存起来,然后用专门的软件对其进行分析,建立相关查询的索引。用户在检索对话框输入欲查询主题,搜索引擎检索软件开始工作,并将搜索结果反馈给用户。

2. 搜索引擎的检索方式

大多数Web搜索引擎都提供基本检索和高级检索两种检索方式。基本检索往往对检索提问式的构造要求较低,比较直观,检索过程相对简单,但对检索策略的优化和检索结果的精度提高提供的途径不够。高级检索往往需要用户按照搜索引擎的检索规则和检索语法自行构造完整的检索提问式,检索过程相对较复杂,但检索效率和检索结果的精度都比较高。搜索引擎发展到今天,其检索特性已得到很大的改善,大多具备了大型书目型检索数据库所达到的基本检索特性,大致可进行如下检索:

(1)词组或短语检索。

(2)二次检索。

(3)布尔逻辑检索。

(4)词间位置限定检索。

(5)字段检索。

(6)截词检索和通配符检索。

(7)大小写有别检索。

第四节　网上全文电子期刊及中文数字图书网的查找方法

一、网上全文电子期刊的查找方法

电子期刊主要载体有光盘、磁盘，可以通过各种形式发行，但最为方便的是网上全文发布，并且能在网上检索、浏览到的全文电子期刊大多质量较好。从网上获取电子期刊的主要方式：

（一）通过出版商和代理商的网站获取

如 Elservier 公司通过其各子公司在网上发行期刊，其网址为 http：//www.elservier.com。

（二）通过搜索引擎获取

在搜索引擎中直接输入期刊名称或学科名称进行检索。通常期刊的名称与网址有很大的相关性，对未知具体网址的期刊可利用此特点在浏览器的地址栏中按以下方式进行试探查找：

1. 刊名缩写联想

如 http：//www.bmj.com，是用《英国医学杂志》British Medicine Journal 的缩写作为主机名。关于外文期刊刊名缩写的一般处理方法是：如期刊名称包括一个单词，取这个词的四个字母；两个词，取每个词的前两个字母；三个词，取前两个词的第一个字母和第三个词的前两个字母；四个词以上，一般取前四个词的第一个字母。

2. 刊名全称联想

如 http：//www.nature.com，是用《自然》杂志 nature 作为主机名。

3. 刊名中的关键词联想

如 http：//www.optimalnutrition.com，是用《理想的营养杂志》刊名中的关键词 optimal nutrition 去掉中间的空格作为主机名。

（三）通过其他网站的友好链接获取

如要同时获取一类或较多的电子期刊，也可通过电子期刊的集合网站去寻找。网上的专业检索工具网站和检索引擎，一般也都有电子期刊集合网站的链接点。高校校园网通常都自行编辑了电子期刊的目录和原文获取链接。学会各协会网也多有相关核心期刊电子出版物的链接，通过这些网站的浏览或检索，可以免费获取部分电子期刊。如"三九健康网"的"超级资料库"，其网址为 http：//www.999.com.cn。

（四）通过专门收集期刊的站点获取

如万方数据库中，提供了部分中文电子期刊的免费浏览，包括中华医学系列杂志、大学学报等。

二、中文数字图书网的查找方法

（一）"书生之家"数字图书

"书生之家"数字图书收文学及哲学类图书，其网址为 http：//www.21dmedia.com。

（二）"超星"数字图书

"超星"数字图书收计算机、通信与互联网、自然科学及医药卫生类图书，其网址为 http：//www.ssreader.com。

（三）中国数字化图书馆

1999 年 4 月由国家图书馆组建了中国数字图书馆有限责任公司。2000 年 4 月，召开了以文化部为召集单位的由 21 个部委单位参加的"中国数字图书馆工程建设联席会议",标志着中国数字图书馆工程正式启动。中国数字图书馆工程系国家级数字资源系统工程,涉及信息资源加工、存储、检索、传输和利用的全过程,是国家信息化建设不可缺少的重要内容。截至2001年6月,约有20万册数字化图书上网提供服务,内容覆盖经济、文学、计算机技术、历史、医药卫生、工业、农业、军事、法律等22个门类。其每天还在以20万页的数量增加。读者可通过购买中国数字图书馆读书卡或直接注册利用在线付费方式,注册成为会员,即可根据自己的需要选择图书,下载专用浏览器进行在线浏览或下载离线阅读。其网址为 http://www.d-library.com.cn。

思考题:

1. 互联网的功用有哪些?
2. 如何用网络检索信息?
3. 常见的搜索引擎有哪些?
4. 请用"百度"网站搜索引擎检索"企业管理"方面的文献。

第七章　报刊资料检索

第一节　概　述

报纸和期刊是记录知识比较新颖、所含信息量较大的连续出版物，具有报道及时，时效性强，普及面广等特点，一般都有固定的名称，如《读者》、《电脑爱好者》等杂志和《人民日报》、《工人日报》等报纸。

近年来，随着社会和科学技术知识的快速发展，报刊在种类和数量上也在不断增长。据统计，2007 年我国发行的报纸种数达到了 1 938 种，期刊达 9 468 种。另外，从载体形式上看，随着多媒体技术和网络技术的发展，除了传统的纸质报刊外，又出现了电子期刊和电子报纸。

电子期刊指的是以数字或电子形式出版发行的期刊，一般包括两种类型：一是印刷型期刊的电子版，主要内容与印刷版期刊相同，但在网络和计算机技术方面增加了许多服务功能，例如检索结果和内容的超文本链接、编者和读者的交流、利用电子邮件发送最新卷期目次的目次报道服务等，如：CNKI——中国期刊全文数据库。另一种属于原生数字资源，是只在互联网上发行的纯电子期刊，完全依托计算机、网络和通信技术编辑、出版和发行，内容新颖，表现形式丰富。

电子报纸也有两种类型，即印刷型报纸的电子版和纯电子报纸。

庞大的报刊数量和载体形式的变化都使得人们要从中查找信息变得越来越困难，要想快速、准确地从众多报刊中检索特定的信息资料就必须掌握一定的方法和技巧，尤其是要懂得报刊资料检索工具的应用。

根据检索手段的不同，报刊资料检索工具的种类可分为手检的书本式报刊索引和机检的报刊数据库两大类。而随着科学技术的发展，报刊资料检索工具的载体与检索手段发生了巨大变化。电子版的报刊检索工具层出不穷，如像清华大学学术期刊杂志社出版的《中国学术期刊》（光盘版），简称 CAJ–CD、上海图书馆文达信息公司《全国报刊索引》编辑部研制和开发的《全国报刊索引（哲学社会科学版）》电子检索工具等，都基本上涵盖了全国发行出版的所有报刊索引信息。用这些索引工具，可以非常方便地查找到相关的报刊资料。我们这章给大家介绍的也将以机检的报刊数据库检索工具为主要内容。

第二节 报刊书目数据库

全国报刊书目数据库很多，但比较有影响和用得最多的是《全国报刊索引数据库》、《中文科技期刊数据库》Web 版和《中国人民大学书报资料中心复印报刊资料索引总汇》。本章主要针对《全国报刊索引数据库》作详细说明。

一、《全国报刊索引数据库》简介

《全国报刊索引数据库》，即原《中文社科报刊篇名数据库》，是由文化部立项、上海图书馆承建的重大科技项目，由上海图书馆文达信息公司《全国报刊索引》编辑部负责研制和编辑，是《全国报刊索引（哲学社会科学版）》新一代电子检索工具。

《全国报刊索引数据库》至今收录了哲学社会科学期刊、报纸近 16 000 余种，文献数量 2 558 万多篇。基本上覆盖了全国哲学社会科学类邮发和非邮发的报刊。内容涉及马列主义、毛泽东思想、哲学、社会科学、政治军事、经济、文化、科学、教育、体育、语言文字、文学、艺术、历史、地理等。

各科条目收录采取核心期刊全收、非核心期刊选收的原则，该数据库年更新量达到约 350 余万条，是目前世界上最大的连续动态更新的中文报刊索引类数据库。数据库格式严格按照国家有关标准，其著录字段包括顺序号、分类号、题名、著者、著者单位、报刊名、卷期年月、所在页码、题中人名与关键词等十项。数据分类标引采用《中国图书资料分类法》第四版；主题标引参照《中国分类主题词表》。其检索系统提供分类、题名、著者、出处、年份、人名和主题等 7 个检索入口，检索点较多，且支持布尔逻辑检索，用户界面较友好。

二、《全国报刊索引数据库》的特点

（一）文献来源广泛、信息量大，且具有权威性

《全国报刊索引数据库》收录包括 16 000 多种中文报纸和期刊上发表的文献。根据社会科学文献的特点，它不仅报道有价值的学术论文，而且收录各种书评文章及部分党和国家领导人的重要讲话，具有较高的文献参考价值。

（二）检索途径完善，支持复合检索，检索速度快

《全国报刊索引数据库》提供分类、主题、作者、出处、被研究者以及文章发表年份等检索途径，并且这些检索途径均可进行复合检索，例如相同字段之间与不同字段之间的逻辑与、逻辑或、逻辑非的复合检索。可以灵活运用各种检索条件进行组合，尽量满足"全"和"准"的检索要求。除题名字段外，其他字段均支

第七章 报刊资料检索

持前方一致的后截词检索。检索速度快是该库的显著特点。

3. 提供原始文献的复印服务

针对各图书馆报刊文献馆藏品种的局限性，上海图书馆为《全国报刊索引数据库》用户提供周到的原始文献复印服务，为各图书馆使用《全国报刊索引数据库》提供了强有力的文献保障。

三、检索系统的使用

目前，《全国报刊索引数据库》可为读者提供网络包库访问、开放式网络镜像站点、封闭式网络镜像站点、单机版光盘等多种服务模式，我们以开放式网络镜像网站模式说明检索系统的应用。

（一）登录系统

我们首先进入上海图书馆《全国报刊索引数据库（图7-2-1)》检索页面（http://ame.lib.bnu.edu.cn:8080/ShanghaiLibraryJX/LoginJX.do）。检索系统通过一个统一的检索界面为我们提供服务。

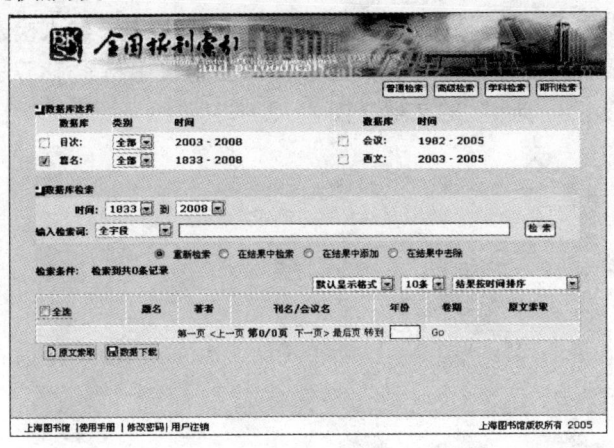

图7-2-1 《全国报刊索引数据库》检索页面

(二) 检索功能

篇名库中题名、单位、刊名和摘要字段支持模糊匹配检索，年份、主题词、分类号和著者字段支持精确匹配检索。

进行期刊检索时，刊名、译名、主办单位、出版地、编辑部地址字段支持模糊匹配检索；邮发编号、CN、ISSN、出版国家、分类及中图定购号字段支持精确匹配检索。

进行会议检索时，会议名称、会议录名称和主办单位字段支持模糊匹配检索；会议分类、会议地点、会议日期和会议录编者字段支持精确匹配检索。

数据库支持前方一致检索，逻辑运算符为"?"。

1. 普通检索

数据库检索的默认页面即为普通检索界面，普通检索支持字段检索：可在全字段、分类号、题名、著者、单位、刊名/会议名、年份、基金项目、主题词、摘要、卷期中进行检索。

检索步骤：

步骤一：选择数据库和数据库的时间段限制，输入检索词进行检索。例如，选择题名数据库，在全字段中检索1857—2005年有关"internet"的文献（图7-2-2）。

第七章 报刊资料检索

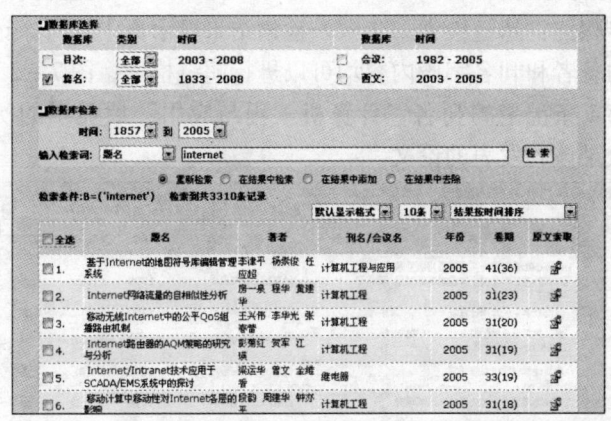

图7-2-2 在篇名库全字段中检索1857—2005年有关
"internet"的文献结果

步骤二：点击检索结果记录的文献题名，查看记录的详细内容，其中黄色的分类号、个人著者、个人著者单位、刊名/会议名、主题词字段内容及刊名/会议名后蓝色的"详细信息"可以直接点击进行超链检索。例如，点击图7-2-2的第一条记录的题名详细内容显示如下（图7-2-3）。

图7-2-3 查看检索记录的详细内容

· 111 ·

步骤三：超链检索。步骤一检索结果显示页中的每条记录中黄色的著者和刊名字段内容均可以进行超链检索，图 7－2－4 为点击第 1 条记录的刊名“计算机工程与应用”后显示的所选数据库收录该刊发表的论文。

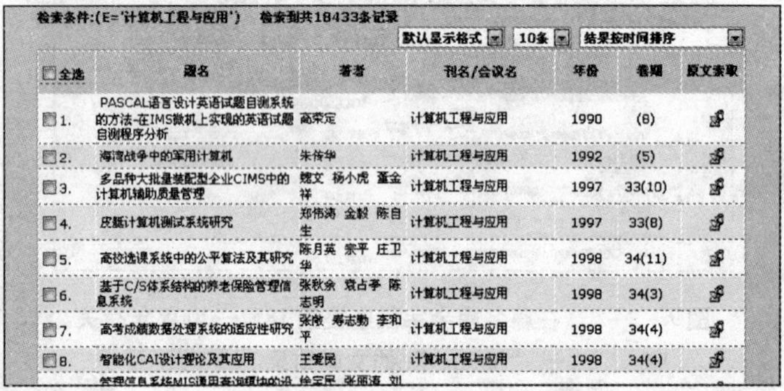

全选	题名	著者	刊名/会议名	年份	卷期	原文索取
1.	PASCAL语言设计英语试题自测系统的方法-在IMS微机上实现的英语试题自测程序分析	高荣定	计算机工程与应用	1990	(8)	
2.	海湾战争中的军用计算机	朱传华	计算机工程与应用	1992	(5)	
3.	多品种大批量装配型企业CIMS中的计算机辅助质量管理	魏文　杨小虎　董金祥	计算机工程与应用	1997	33(10)	
4.	皮瓣计算机测试系统研究	郑伟涛　金毅　陈自生	计算机工程与应用	1997	33(8)	
5.	高校选课系统中的公平算法及其研究	陈月英　宗平　庄卫华	计算机工程与应用	1998	34(11)	
6.	基于C/S体系结构的养老保险管理信息系统	张秋余　窦占孝　陈志明	计算机工程与应用	1998	34(3)	
7.	高考成绩数据处理系统的适应性研究	张敞　蒋志勤　李和平	计算机工程与应用	1998	34(4)	
8.	智能化CAI设计理论及其应用	王爱民	计算机工程与应用	1998	34(4)	

图 7－2－4　点击第 1 条记录的刊名“计算机工程与应用”后显示的所选数据库收录该刊发表的论文

步骤四：如果检索结果太多，可以对其进行二次检索，普通检索的二次检索功能包括三个：在结果中检索、在结果中填加、在结果中去除。例如：检索步骤 1 的检索结果中含有“web”的内容，选择“全字段”输入“web”，选中“在结果中检索”，点击“检索”执行（图 7－2－5）。

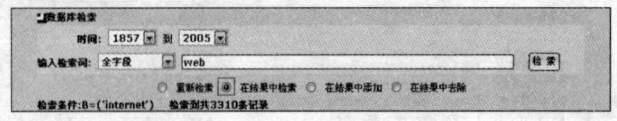

图 7－2－5

在图 7－2－5 检索框中输入“web”，选择“在结果中检索”，点击“检索”（图 7－2－6）。

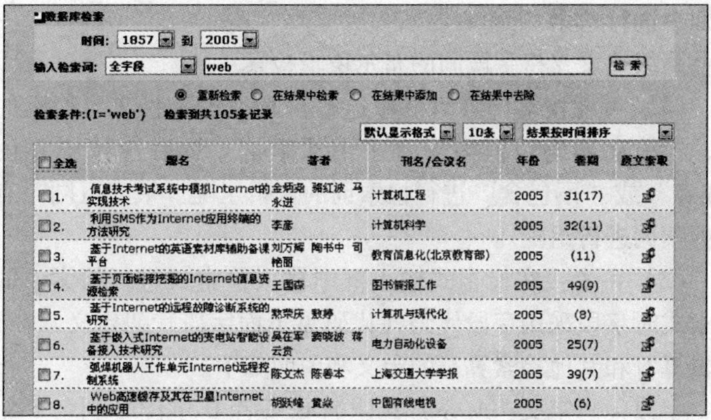

图7-2-6 对步骤一进行二次检索的结果

步骤五：原文索取。点击检索结果每条记录后的"原文索取"图标，或选中需要进行原文索取的文献记录后点击页面最下方的"原文索取"图标进入原文提供页，可选择通过邮件、邮寄或传真三种方式获取原文（图7-2-7）。

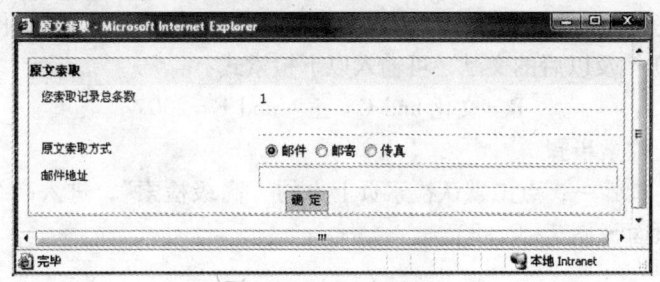

图7-2-7 原文索取页

2. 高级检索

高级检索功能支持字段检索，可在全字段、分类号、题名、著者、单位、刊名/会议名、年份、基金项目、主题词、摘要、卷期中进行检索。

高级检索支持字段间的布尔逻辑检索：

（1）可在检索词编辑框左边的检索项中选择需要检索的字段，在检索词编辑框内输入多个检索词，然后选择"并且"、"或者"或"不包含"进行检索词的逻辑组配。最多可同时有五个检索词进行组配。

（2）可直接在检索式输入框中输入检索式进行检索：输入检索式时字段采用字段代码（代码见下面字段代码定义），布尔逻辑算符和其他检索算符的定义和说明如下。

字段代码定义：A 分类 B 题名 C 著者 D 单位 E 刊名 F 年份 G 主题 H 文摘 I 全字段 J 基金项目 K 卷期。

布尔算符[①]：not 代表逻辑非运算，and 代表逻辑与运算，or 代表逻辑或运算。

运算优先级：not 优先级最高，and 次之，or 最低。

其他检索算符："（ ）"可改变优先级，"?"为前方一致截词算符。

例如：要查找题名中有"文化"，著者姓"王"，年份为 2000 年及以后的文献，可输入以下检索式：

$$B = 文化 \text{ and } C = 王? \text{ and } F = 200?$$

检索步骤

步骤一：点击默认检索页上方的"高级检索"，进入高级检索页面（图 7-2-8）。

[①] 输入时布尔逻辑算符必须在半角状态下输入，布尔逻辑算符前后必须空一格。

图7-2-8 高级检索页面

步骤二：选择数据库及数据的时间段，在输入框中输入多个检索词，选择逻辑组配关系，进行高级检索。例如：在篇名库中通过输入框检索"中国图书馆学报"中论文题名中包含"数字图书馆"的文献（图7-2-9），检索结果如下（图7-2-10）。

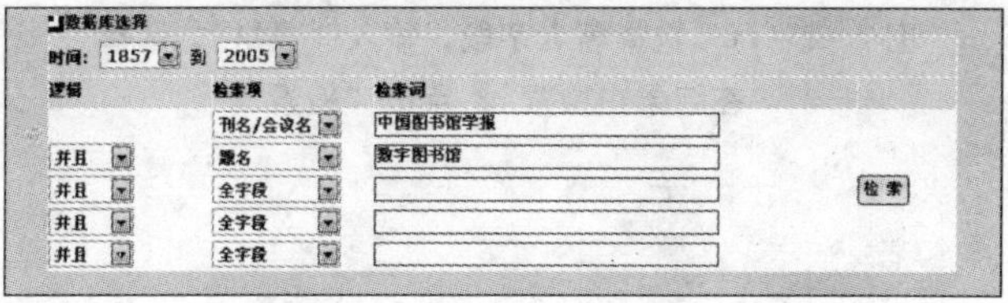

图7-2-9 选择篇名库，在题名字段中输入"数字图书馆"、在刊名/会议名字段中输入"中国图书馆学报"，逻辑关系选择"并且"，点击"检索"

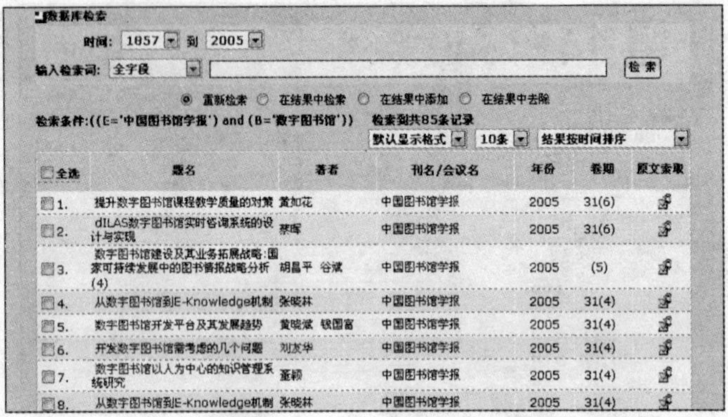

信息检索基础

[检索界面截图]

图7-2-10 篇名库中1857—2005年"中国图书馆学报"所发表的题名中包含"数字图书馆"的文献检索结果

步骤三：可对高级检索结果进行二次检索。例如：检索步骤二结果中著者为"董慧"的文献，在步骤二检索结果页中选择著者字段，输入"董慧"，选择"在结果中检索"，点击"检索"（图7-2-11），结果如下（图7-2-12）。

图7-2-11 选择著者字段，输入"董慧"，选择"在结果中检索"，点击"检索"

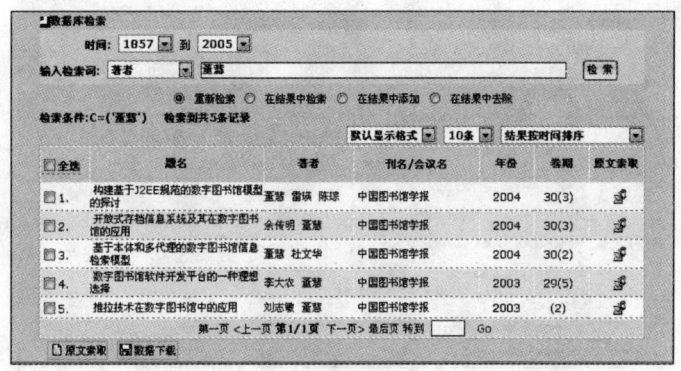

图 7-2-12　篇名库中"董慧"在"中国图书馆学报"上发表的论文题名中包含"数字图书馆"的论文检索结果

步骤四：通过输入检索式进行高级检索。例如：输入检索式"B = 数字图书馆 and E = 中国图书馆学报"实现步骤三功能（图 7-2-13），结果如下（图 7-2-14）。

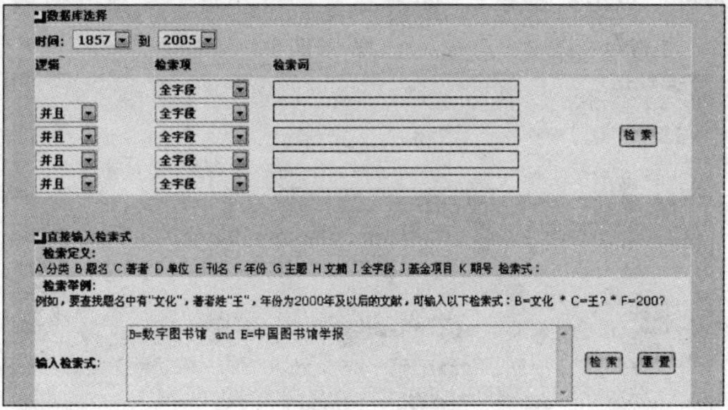

图 7-2-13　输入检索式"B = 数字图书馆 and E = 中国图书馆学报"，点击"检索"

图 7-2-14 检索式"B=数字图书馆 and E=
中国图书馆学报"的检索结果

步骤五:高级检索功能支持前方一致检索,截词符用"?"。例如:检索 2000 年及以后、题名中含有"文化"、姓"王"的著者所写的文献,在输入框中输入"B=文化 and C=王? and F=200?",点击"检索"。如果需要重新开始一个新的检索,请点击"重置"(图 7-2-15),结果如下(图 7-2-16)。

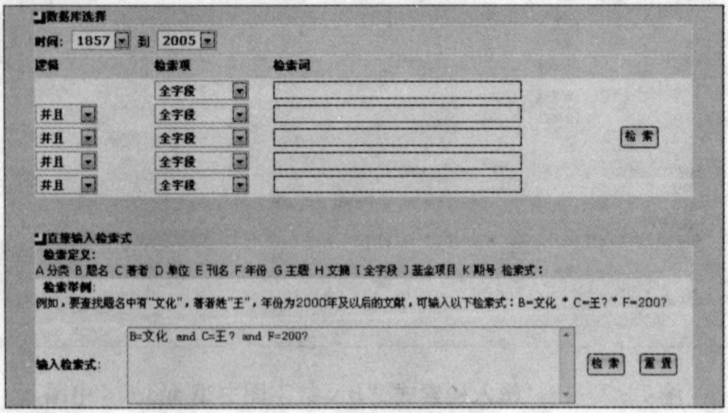

图 7-2-15 选择数据库和数据库时间段后,在检索式输入框中输入
"B=文化 and C=王? and F=200?",点击检索式输入框右侧"检索"

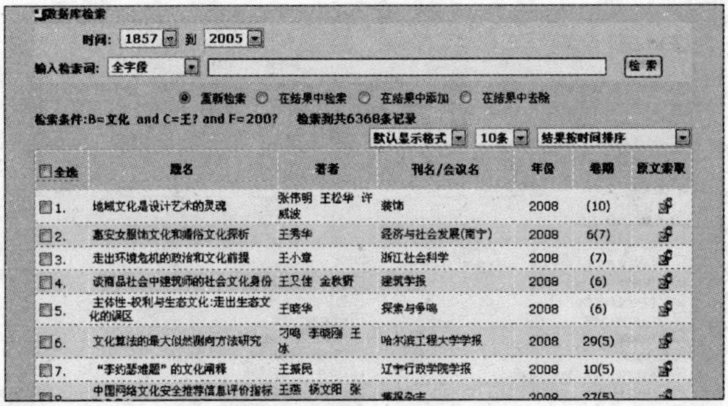

图 7-2-16 检索式"B=文化 and C=王? and F=200?"的检索结果

步骤六：高级检索的超链检索同普通检索步骤二，查看检索结果记录的详细内容同普通检索步骤三，原文提供同普通检索步骤五。

3. 学科检索

学科检索按照中图分类法的类目，通过选择类目作为检索的限定，在此基础上输入检索条件，系统将显示选定类目下符合检索条件的信息。分类支持四层分级显示。

检索步骤：

步骤一：点击数据库检索默认页面右上方的"学科检索"进入检索页面（图 7-2-17）。

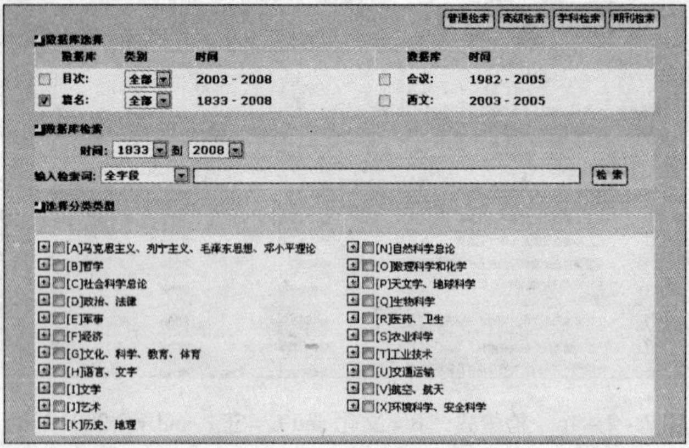

图7-2-17　学科检索页面

步骤二：选定数据库和数据库的时间限制后，选择学科类目，输入检索条件进行检索。例如，在篇名库的经济类文献中检索有关"世博会"的文章，先在数据库下的目次和篇名前打钩，时间选择1857—2005，在选择分类类型下的"经济"类前打钩，然后选择全字段输入检索词"世博会"，点击"检索"（图7-2-18），结果如下（图7-2-19）。

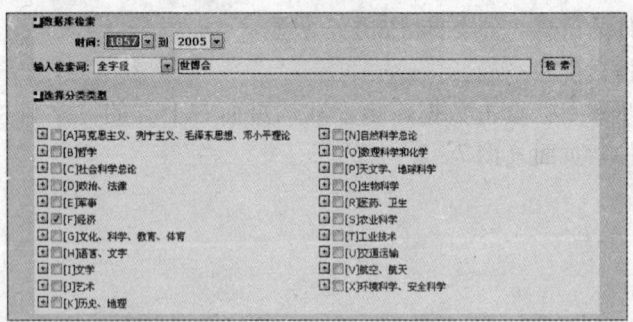

图7-2-18　在篇名前打钩，时间选择1857—2005，在分类类型下的"经济"类前打钩，选择全字段输入"世博会"，点击检索

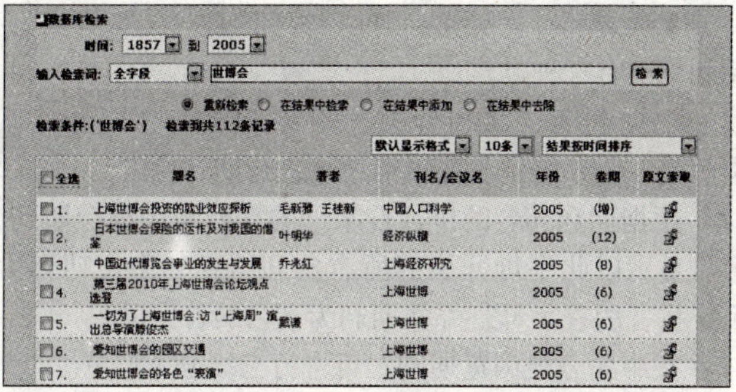

第七章 报刊资料检索

图 7-2-19 1857—2005 年篇名库经济类文献中有关
"世博会"的文章检索结果

步骤三：学科检索的四层分类显示。点击每个类目前的"＋"，可打开其下一级类目，逐级打开，分级最多为四层（图 7-2-20）。

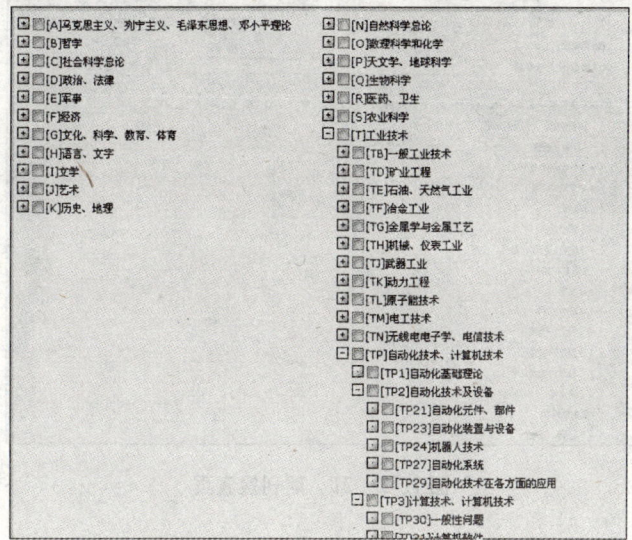

图 7-2-20 学科四层分级显示

4. 期刊检索

期刊检索有三种方式：

（1）根据刊名、期刊分类、译名、ISSN、CN号、邮发编号、出版地、主办单位和编辑部地址进行期刊检索。

（2）根据期刊刊名的拼音首字母的排列顺序进行期刊浏览，点击字母显示以此字母开头的所有期刊信息（中文期刊为刊名第一个字拼音的首字母；外文期刊为刊名的首字母）。

（3）按中图分类浏览期刊，可进行三级分类浏览。

检索步骤：

步骤一：点击检索默认页右上方的"期刊检索"，进入检索页面（图7-2-21）。

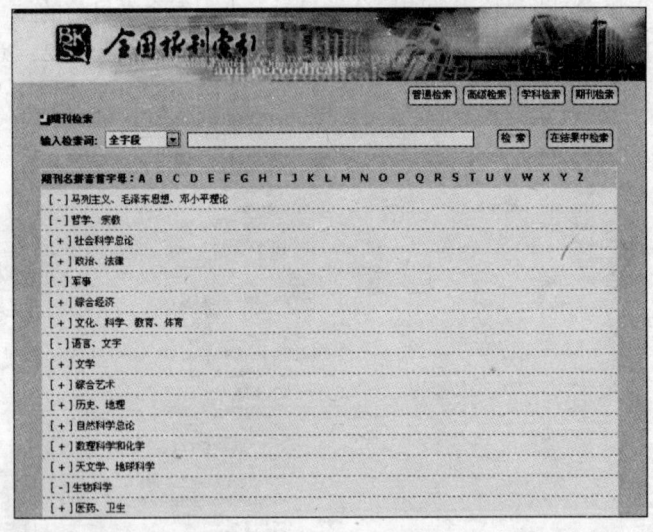

图7-2-21 期刊检索页

步骤二：输入检索词通过刊名、ISSN、CN号、邮发编号、出版地、主办单位和编辑部地址字段进行期刊检索，点击结果显示记录中每种刊后的"详细信息",可查看期刊的详细信息。例如,选择主办单位字段输入"北京理工大学"检索北京理工大学主办的期刊(图7-2-22),结果如下(图7-2-23、图7-2-24)。

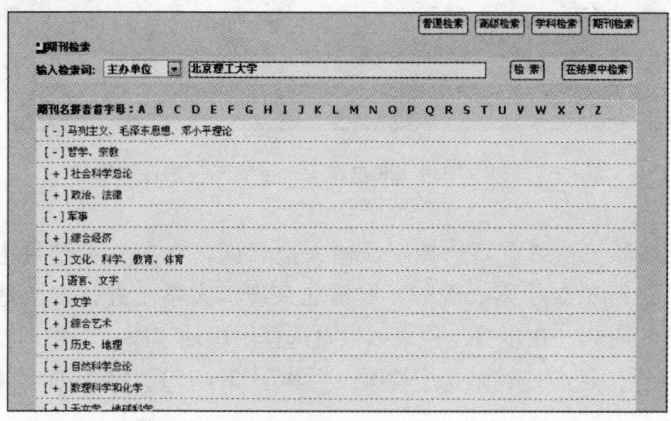

图7-2-22 选择主办单位字段,输入"北京理工大学",
点击"检索"

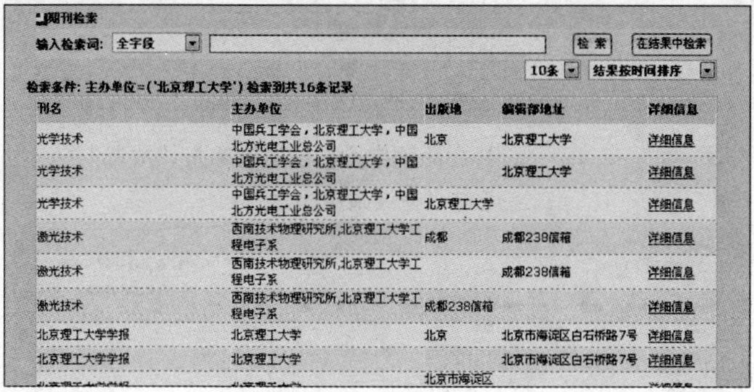

图7-2-23 主办单位字段含"北京理工大学"的期刊检索结果

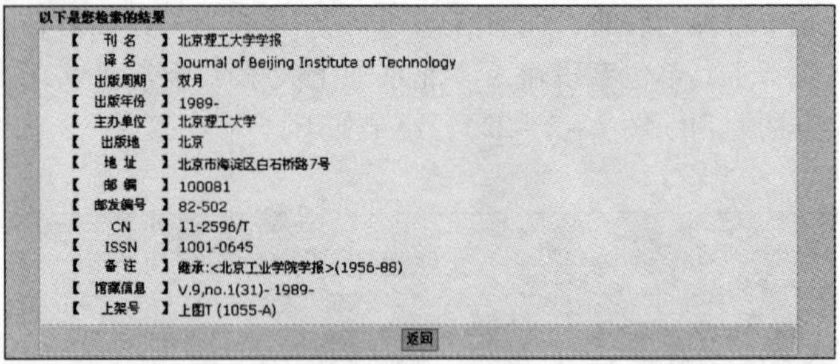

图 7-2-24 期刊"北京理工大学学报"的详细信息

步骤三：可重新选择字段输入检索词，点击"在结果中检索"进行二次检索。例如，检索北京理工大学主办，出版地在成都的期刊，在步骤二检索结果页选择出版地字段，检索词输入"成都"，点击"在结果中检索"（图 7-2-25），结果如下（图 7-2-26）。

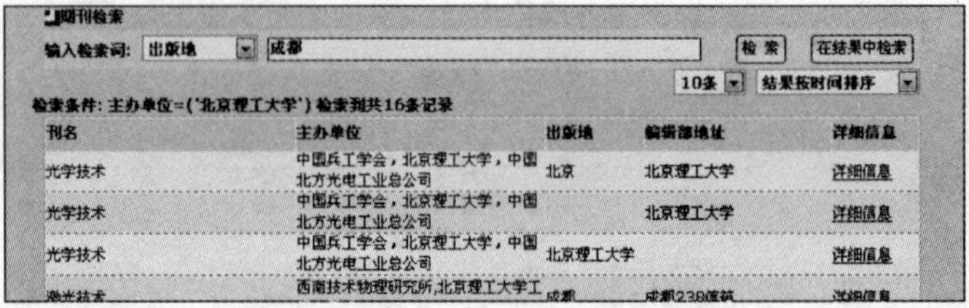

图 7-2-25 选择出版地字段，检索词输入"成都"，点击"在结果中检索"

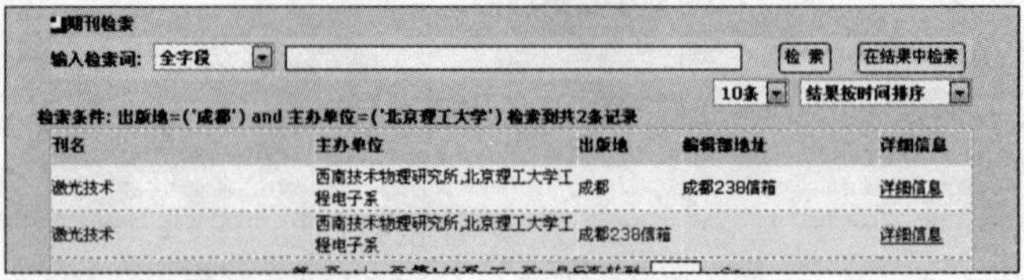

图 7-2-26 点击"在结果中检索"最终查找结果

步骤四：根据期刊刊名的拼音首字母排列顺序进行期刊浏览。例如，点击字母"J"浏览以字母"J"开头的期刊（图7-2-27），结果如下（图7-2-28）。

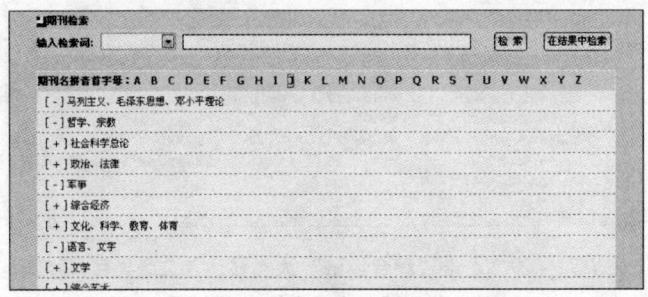

图7-2-27　点击期刊名拼音首字母"J"

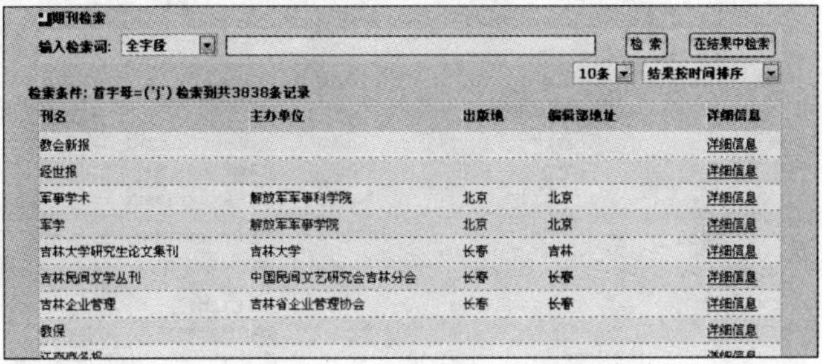

图7-2-28　以字母"J"开头的期刊

步骤五：按中图分类进行期刊浏览。例如，点击"综合经济"大类下的"金融、银行、保险"浏览期刊（图7-2-29），结果如下（图7-2-30）。

图7-2-29 点击"综合经济"大类显示其二级类目，找到
"金融、银行、保险"二级类目

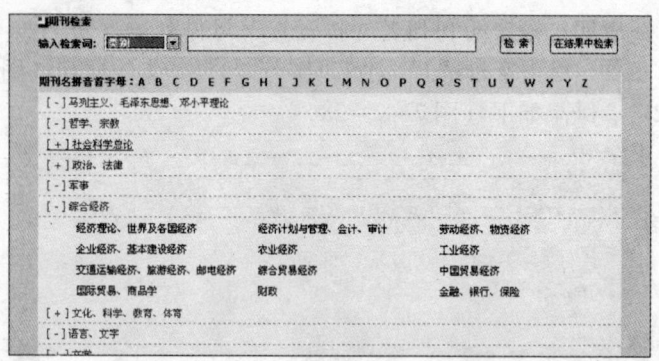

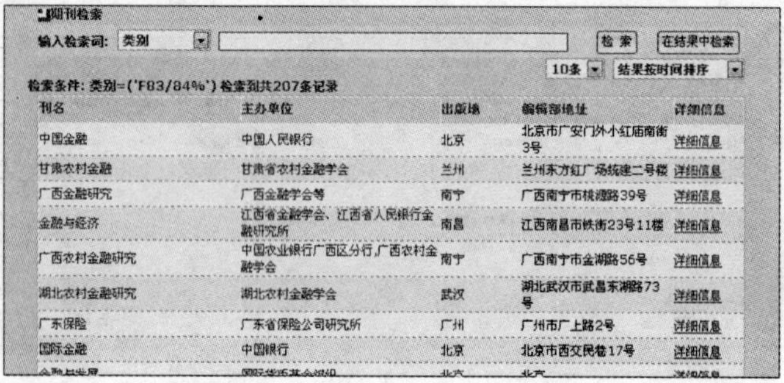

图7-2-30 最终检索结果

步骤六：期刊检索结果记录中黄色的刊名、主办单位和出版地可以进行链接检索。例如，点击步骤五图7-2-30第4条记录的刊名"金融与经济"，即可显示数据库中收录的所有该刊收录的文献，结果如下（图7-2-31）。

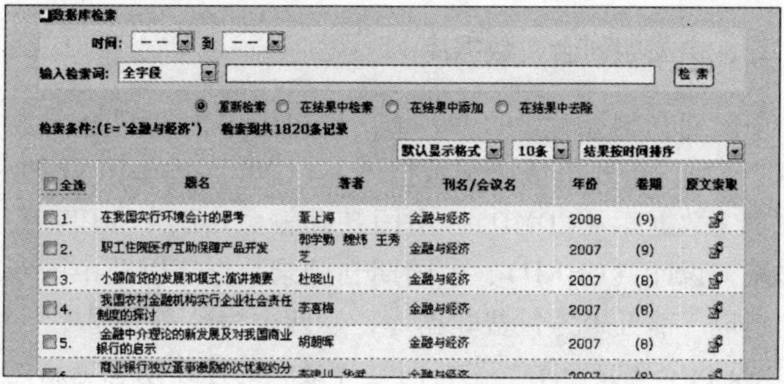

图 7-2-31 点击步骤五第 4 条记录的刊名"金融与经济"
显示结果

第三节 全文电子报刊数据库

一、电子报刊的发展概况

电子报刊是一种电子出版物，是将信息以数字形式存储在光、磁等存储介质上，并通过计算机设备本地或远程读取访问的连续出版物。按出版发行方式，电子报刊可分为印刷型报刊的电子版和纯电子报刊。若按载体形态，电子报刊可分为封装型电子报刊与网络电子报刊。

中文电子报刊的发展是从 20 世纪 90 年代初开始起步的。1992 年，国家科委西南信息中心的《中文科技期刊篇名数据库 CD-ROM 光盘数据库》率先在国内发行。此后，逐步开发出全文型电子杂志。1996 年 1 月，《中国学术期刊》光盘版问世。目前比较著名的电子期刊数据库有中国学术期刊电子杂志社创办的中国期刊网，还有万方"ChinaInfo（中国信息）"的中文期刊检索系统。

二、中国期刊全文数据库

中国期刊网始建于 1999 年，最初由中国期刊全文数据库（CJD）、中国重要报纸全文数据库（CCND）、中国优秀博/硕士论文全文数据库（CDMD）、中国基础教育知识库（CFED）、中国医院知识库（CHKD）、中国期刊题录数据库以及中国专利数据库组成。前五个为付费数据库，后两个为免费数据库。其中，"中国期刊全文数据库"是目前世界最大的连续动态更新的中国期刊全文数据库，共收录了国内 9 000 多种重要期刊，共计文章 2 900 多万篇，主要以学术、技术、政策指导、高等科普及教育类为主，同时收录部分基础教育、大众科普、大众文化和文艺作品类刊物，内容覆盖自然科学、工程技术、农业、哲学、医学、人文社会科学等各个领域。

全部期刊分为十个专辑：理工 A（数学、力学、物理学、生物学、天文学、地理、气象、水文、海洋、地质、地球物理学）、理工 B（化学化工、矿业、金属及冶金、轻工业、手工业）、理工 C（工业通用技术及设备、机械、航空航天、交通运输、水利、农业、建筑、动力工程、原子能、电工）、农业、医药卫生、文史哲、政治军事与法律、教育与社会科学综合、电子技术与信息科学、经济与管理。十个专辑划分为 168 个专题和近 3 600 个子栏目，是一个完全实用化的信息服务系统。中国期刊全文数据库收录的期刊，其网上数据每日更新 5 000～7 000 篇，各镜像站点通过互联网或卫星传送数据可实现每日更新，专辑光盘每月更新，专题光盘年度更新。

（一）初级检索

初级检索是一种简单检索，该检索系统所设初级检索具有多种功能，如简单检索、多项单词逻辑组合检索、词频控制、最近词、词扩展等。

1. 检索项

检索项是动态显示的,检索项中下拉列表的名称是从所选数据库的检索点中汇集的共性检索点,选择不同数量的数据库,下拉列表中所显示的检索项名称有可能不同;检索项名称在下拉列表中显示。

2. 排序

无:按文献入库时间顺序输出。

相关度:按词频、位置的相关程度从高到低顺序输出。

3. 匹配

精确:检索结果中含有与检索词完全匹配的词语。

模糊:检索结果包含检索词或检索词中的词素。

4. 检索其他说明

在 CNKI 数据库中,题名、关键词、摘要、参考文献、全文等检索项按词检索;在其他数据库中,有可能按字进行检索。

如果你想检索 2006—2007 年有关计算机"病毒"方面的文献,其检索步骤如下:

步骤一:你需要登录中国知网(www.cnki.net)(图7-3-1)。

图 7-3-1 中国知网首页

信息检索基础

步骤二：在主页面数据库名称列表栏内点选"中国期刊全文数据库"（图7-3-2），进入中国期刊全文数据库界面（图7-3-3），进入专辑导航区（图7-3-4）和检索区（图7-3-5）。

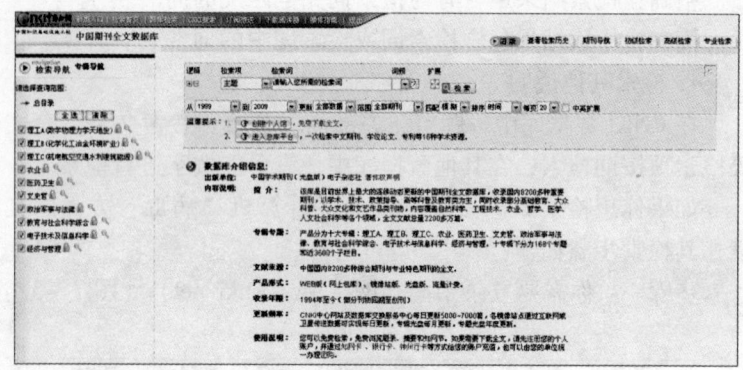

图7-3-2 点选"中国期刊全文数据库"

图7-3-3 中国期刊全文数据库检索界面

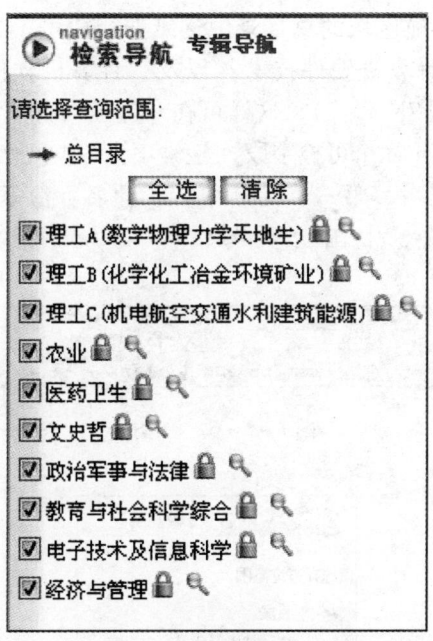

图 7-3-4 专辑导航区

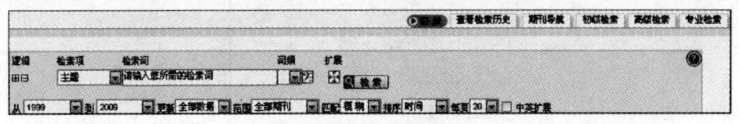

图 7-3-5 检索区

步骤三：在检索类型区和检索区（默认的检索类型为初级检索）界面，根据检索需求选择检索字段、输入检索词、限定检索年限、选择使用的目录。检索 2006—2007 年有关计算机"病毒"方面的文献，可选定"篇名"字段、输入"病毒"检索词、检索时限选择从"2006"年到"2007"年（图 7-3-

6)、多专题导航区域的总目录中逐级选择"电子技术及信息科学"、钩选"计算机硬件技术"以及"计算机软件及计算机应用"专题(图7-3-7),这样可在专题领域内检索到所需的文献。该库提供十六个可检字段(检索项),即主题、篇名、关键词、摘要、作者、第一作者、单位、刊名、参考文献、全文、年、期、基金、中国分类号、ISSN、统一刊号。结果如下(图7-3-8)。

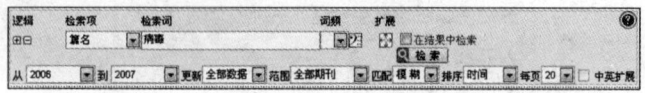

图7-3-6 检索区

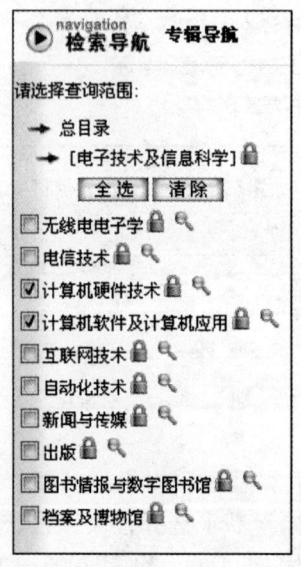

图7-3-7 专辑导航区选择专题

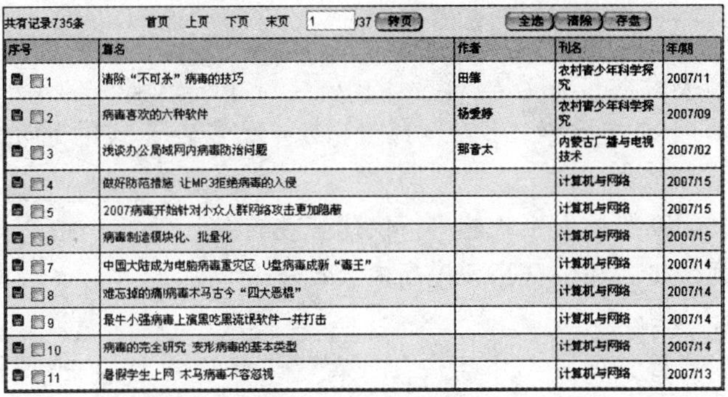

共有记录735条　首页　上页　下页　末页　1 /37 转页　全选　清除　存盘

序号	篇名	作者	刊名	年期
1	清除"不可杀"病毒的技巧	田肇	农村青少年科学探究	2007/11
2	病毒喜欢的六种软件	杨爱婷	农村青少年科学探究	2007/09
3	浅谈办公局域网内病毒防治问题	那音太	内蒙古广播与电视技术	2007/02
4	做好防范措施 让MP3拒绝病毒的入侵		计算机与网络	2007/15
5	2007病毒开始针对小众人群网络攻击更加隐蔽		计算机与网络	2007/15
6	病毒制造模块化、批量化		计算机与网络	2007/15
7	中国大陆成为电脑病毒重灾区 U盘病毒成新"毒王"		计算机与网络	2007/14
8	难忘掉的痛!病毒木马古今"四大恶棍"		计算机与网络	2007/14
9	最牛小强病毒上演黑吃黑流氓软件一并打击		计算机与网络	2007/14
10	病毒的完全研究 变形病毒的基本类型		计算机与网络	2007/14
11	暑假学生上网 木马病毒不容忽视		计算机与网络	2007/13

图 7－3－8　检索结果

步骤四：当检索结果显示后，点击篇名，在显示屏的右下方可阅读该文章的完整题录（图 7－3－9）。

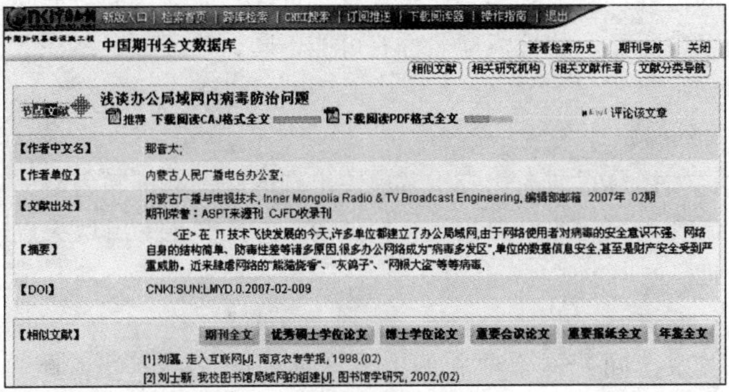

图 7－3－9　检索篇名的相关题录

步骤五：中国期刊全文数据库提供了 CAJ 和 PDF 两种期刊全文下载格式，读者可先下载相应格式的阅读软件，再下载全文后，方可浏览。

（二）高级检索

高级检索的功能是在设定的范围内，按一个以上（含一个）检索项表达式检索，这一功能可以实现多表达式的逻辑组配检索。

利用高级检索系统能进行快速有效的组合查询，优点是查询结果冗余少，命中率高，提高检索效率。

1. 逻辑

所有检索项按"并且"、"或者"、"不包含"等三种逻辑关系进行组合检索。这三种逻辑关系的优先级相同，即按先后顺序进行组合。

2. 检索项

检索项是动态显示的：检索项中下拉列表的名称是从所选数据库的检索点中汇集的共性检索点，选择不同数量的数据库，下拉列表中所显示的检索项名称有可能不同；检索项名称在下拉列表中显示。

3. 词频

词频指检索词在相应检索项中出现的频次。词频为空，表示至少出现1次，如果为数字，例如3，则表示至少出现3次。以此类推。

4. 关系

关系指同一检索项中两个检索词间的关系，可选择"＋"（或者）、"－"（不包含）、"＊"（并且）逻辑运算以及同句、同段等关系。

5. 检索词

在CNKI数据库中，题名、关键词、摘要、参考文献、全文等检索项按词检索；在其他数据库中，有可能按字进行检索。

6. 排序

可按时间、相关度进行排序。最早的文献、相关度最高的文献在前。

7. 匹配

精确检索：检索结果中包含检索词的原形。

模糊检索：检索结果中包含检索词中所含各词素。模糊检索只在同段落检索。

示例：如要检索 2005 年发表的篇名中包含"地理科学"，不要篇名中包含"进展"、"综述"、"述评"的期刊文章。操作步骤如下：

步骤一：登录中国知网，进入"中国期刊全文数据库"界面，方法与初级检索第一步、第二步相同；

步骤二：在"中国期刊全文数据库"界面的检索区域中点击"高级检索"，进入高级检索条件界面（图 7-3-10）。

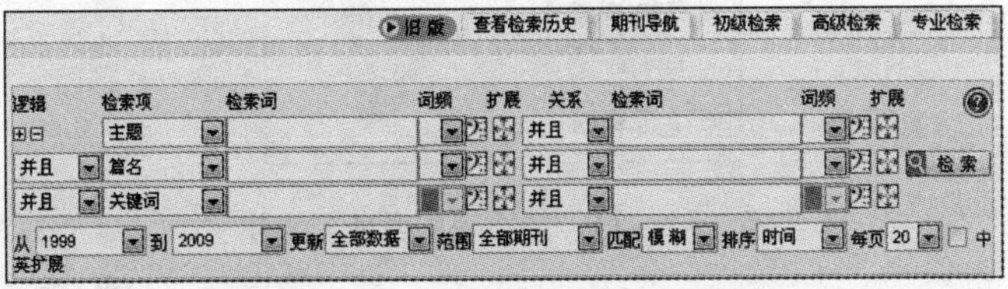

图 7-3-10　高级检索界面

步骤三：选择检索范围。

在窗口下面的检索导航栏中指定检索范围，这里分类列出了十个总目录，在每个总目录的下面又分别设有详细的子目录可供用户进一步缩小选择。

在专辑导航中点击理工 A 类的所有专辑（图 7-3-11）。

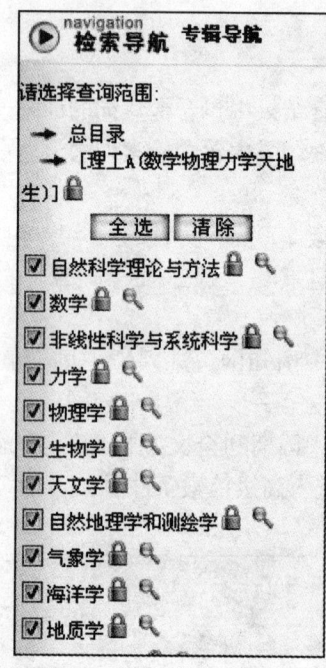

图 7-3-11 选择理工类所有专辑

步骤四：选择检索项和输入检索词。

检索项及检索词的选择输入方法跟初级检索一样，这里不再赘述。使用三行逻辑检索行，每行选择检索项为"篇名"，输入检索词"地理科学"；在三行中的第二检索词框中分别输入"进展"、"综述"、"述评"；

步骤五：选择检索项之间的逻辑组配关系。

需要说明的是高级检索中可以指定若干个检索项，检索项之间的连接方式共有三种选择：并且、或者、不包含，每一种方式说明如下：

（1）并且：相当于逻辑"与"的关系。指要求检索出的结果必须同时满足两个条件。

（2）或者：相当于逻辑"或"的关系。指检索出的结果只要满足其中任意一个条件即可。

（3）不包括：相当于逻辑"非"的关系。指要求在满足前一个条件的检索结果中不包括满足后一条件的检索结果。

用户可根据自己的需要进行具体选择。

选择"关系"［同一检索项中另一检索词（项间检索词）的词间关系］下的"不包含"；

选择三行的项间逻辑关系（检索项之间的逻辑关系）"并且"；

步骤六：选择时间及范围。

在这里选择检索控制条件：从2005到2005。

步骤七：选择记录数和排序方式，点击"检索"按钮（图7-3-12），显示检索结果（图7-3-13）。

记录数和排序方式是针对检索结果显示界面设定的，可以自定义选择设定每页显示多少条记录及按什么方式对检索结果进行排序。

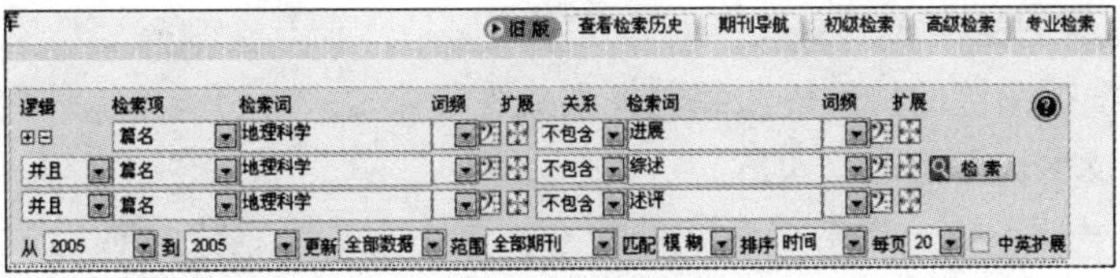

图7-3-12 检索区设置

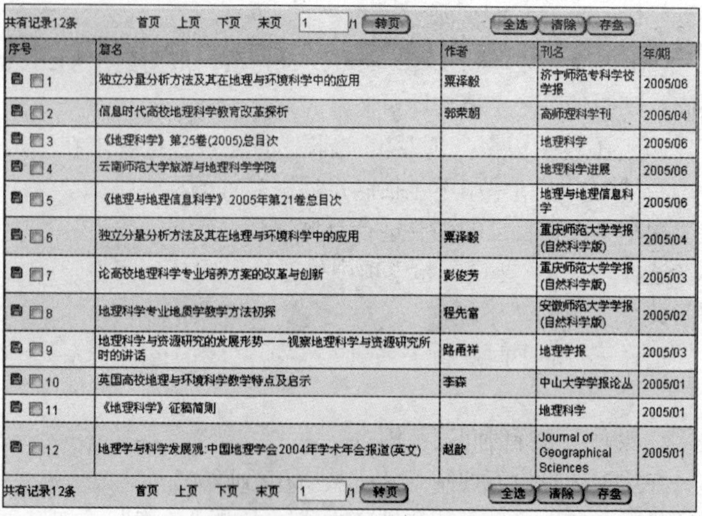

共有记录12条　首页　上页　下页　末页　1　/1　转页　全选　清除　存盘

序号	篇名	作者	刊名	年/期
1	独立分量分析方法及其在地理与环境科学中的应用	粟泽毅	济宁师范专科学校学报	2005/06
2	信息时代高校地理科学教育改革探析	郭荣朝	高师理科学刊	2005/04
3	《地理科学》第25卷(2005)总目次		地理科学	2005/06
4	云南师范大学旅游与地理科学学院		地理科学进展	2005/06
5	《地理与地理信息科学》2005年第21卷总目次		地理与地理信息科学	2005/06
6	独立分量分析方法及其在地理与环境科学中的应用	粟泽毅	重庆师范大学学报(自然科学版)	2005/04
7	论高校地理科学专业培养方案的改革与创新	彭俊芳	重庆师范大学学报(自然科学版)	2005/03
8	地理科学专业地质学教学方法初探	程先富	安徽师范大学学报(自然科学版)	2005/02
9	地理科学与资源研究的发展形势——视察地理科学与资源研究所时的讲话	路甬祥	地理学报	2005/03
10	英国高校地理与环境科学教学特点及启示	李森	中山大学学报论丛	2005/01
11	《地理科学》征稿简则		地理科学	2005/01
12	地理学与科学发展观:中国地理学会2004年学术年会报道(英文)	赵歆	Journal of Geographical Sciences	2005/01

共有记录12条　首页　上页　下页　末页　1　/1　转页　全选　清除　存盘

图 7-3-13　**检索结果**

步骤八：根据检索结果，选择符合条件的篇名下载全文。

（三）专业检索

专业检索比高级检索具有更多的功能，如：前方一致检索、字距/词距检索、序位检索等功能。但是，专业检索需要检索人员根据系统的检索语法编制检索式进行检索，适用于熟练掌握检索技术的专业检索人员。

（1）单一检索项多条件检索：可指定多个检索词或检索表达式，使用“+”（或者）、“-”（不包含）、“*”（并且）三种逻辑运算进行组合。例如，要检索“题名”中同时包含“超导”和“器件”的文献，可以输入：题名=超导*器件。

（2）多个检索项同时检索：多个检索项的检索表达式可使用“AND”、“OR”、“NOT”逻辑运算符进行组合。这三种逻辑运算符的优先级相同。如果要改变组合的顺序，可以使用圆括号

"()"将条件括起来。

(3) 符号:所有符号和英文字母(包括下表所示操作符)都必须是半角字符状态下的英文字符。

(4) 检索项:题名、关键词、摘要、主题、作者、机构、第一作者、全文、来源、参考文献、基金。

示例:在"中国期刊全文数据库"中检索清华大学师生发表的摘要中包含"流体"或"力学"文章。

步骤一:登录中国知网,进入"中国期刊全文数据库"界面,方法同初级、高级检索第一、二步相同。

步骤二:在"中国期刊全文数据库"界面的检索区域中点击"专业检索",进入高级检索条件界面(图7-3-14)。

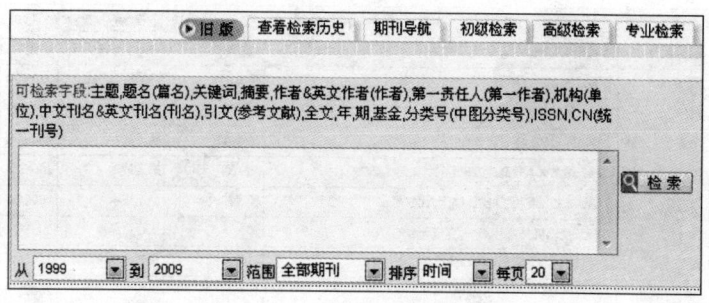

图7-3-14 专业检索条件界面

步骤三:选择检索范围。

这里分类列出了十个总目录,读者可根据需要在窗口下面的检索导航栏目中指定检索范围,在每个总目录的下面又分别设有详细的子目录可供用户进一步缩小选择。

步骤四:填写检索条件(图7-3-15)。

在检索框中输入检索式:摘要='流体'+'力学' and

(机构=清华大学)。

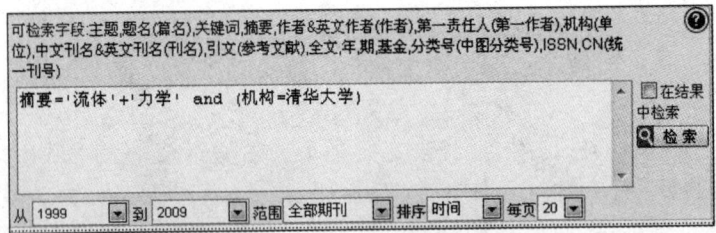

图7-3-15 输入检索式

步骤五：点击检索按钮，显示检索结果（图7-3-16）。

图7-3-16 检索结果

思考题：

1. 分别用初级检索、高级检索和专业检索三种方式查找中国期刊全文数据库（或全国报刊索引数据库）中有关"图书馆信息资源建设"方面的文献，并写出相应检索式。

2. 分别用初级检索、高级检索和专业检索三种方式查找中国期刊全文数据库（或全国报刊索引数据库）中有关"数据挖掘在信息检索与信息分析中的应用"方面的文献，并写出相应检索式。

3. 分别用初级检索、高级检索和专业检索三种方式查找中国期刊全文数据库（或全国报刊索引数据库）中的图形图像方面的文献（排除清华大学师生的著作），并写出相应检索式。

4. 在中国期刊全文数据库中，用专业检索方式检索"题名=计算机 and 题名=病毒"、用"主题=计算机 and 题名=病毒"、用"主题=计算机 and 主题=病毒"检索1999—2009年之间的相关文献，分析其检出文献的数量及相关性。

第八章 读者服务工作

一、读者的概念和特点

(一) 读者概念与实质

读者作为社会历史的产物,是随着社会经济的进步和人类文明的发展而形成的。读者作为一种社会性的概念,主要是指具有文献需求的阅读能力,从事阅读活动的社会成员。在阅读活动中,读者是具有积极因素的主体,同时也是文献作用的客体与对象。读者不能构成特定的职业和社会阶层,它分散存在于一切社会行业和社会阶层之中。任何社会成员都可以根据自己的需要开展阅读活动,都可以成为读者。

从人类社会文明发展的过程来看,读者的形式,需要一定的客观条件(社会条件)和主观条件。形成读者的社会条件主要有如下几个方面。

(二) 社会物质生产水平的不断提高,是社会成员开展阅读活动的根本条件

众所周知,阅读活动之所以开展,是因为人们有了一定的文献需要,而文献需要又是人的各种需要的一种,它来自人的社会实践发展,来自社会物质生产之中。正因为文献需要形成于社会,所以它的发展也直接源于社会的发展。社会是人们以物质生产活动为基础的相互关系的总和,物质生产活动是社会的基础,社会的发展本质上是物质生产的发展。随着社会物质生产的发展,人们生存的社会范围不断扩大,人的社会实践活动不断丰

富，人的精神活动空间不断扩大，一方面激发了人们众多的文献需要，另一方面，文献需要的对象文献产品丰富了，从而使形成于社会实践中的文献需要不断发展，最终导致了文献阅读活动的不断发展。

（三）文献生产方式的社会化，是开展阅读活动的直接条件

文献生产是精神生产和物质生产的结合。在长期的社会实践活动中，人们积累了知识，并通过文献进行精神上的交流。因此文献记录了人类的社会知识，是以知识和思想为内容的载体。通过文献的社会化生产和传播，可以进行社会意识的交流，从而满足人们的精神需要。文献生产的社会化，使人类社会精神交流的规模急剧扩大，效率急剧提高，因此是开展社会性阅读活动的直接条件。

（四）科学文化知识的传播提高了人们的文化知识和自身素质，是使广大社会成员开展阅读活动的重要条件

文献是文化、科学知识的载体，它记载了千百年来人类丰硕的知识成果。人们通过阅读活动，继承前人遗留下来的文化成果，掌握社会生活所必需的知识、技能、行为方式、生活习惯，以及社会的各种思想观念，进行自身的社会化改造，以适应社会发展的需要。尤其在现代社会里，复杂的生产劳动，高、精、尖的技术设备，对劳动者素质和职业技能提出了越来越高的要求。因此，人们在社会化进程中，必须经常地、普遍地开展阅读活动，接受社会教育，学习社会知识，以提高自身的科学文化知识和思想修养。人们自身素质的提高，又促进了阅读活动的开展。

综上所述，可认为读者是利用文献的主体，文献必须通过读者的阅读活动，才能体现其价值与使用价值；读者通过阅读活动获得知识、信息，从而实现人类文化的交流、继承与创新；读者在阅读活动中有自己特定的阅读心理活动，它既取决于读者的修养水平以及阅读动机、目的和条件，也受各种社会环境条件的制

约和束缚。

二、读者工作的意义及内容

（一）读者工作概述

读者工作的含义，有广义和狭义两种不同的说法。广义的读者服务，也被人们称为读者管理工作或读者工作，是指图书馆管理者根据图书馆的方针、任务和目标，对图书馆的读者进行有目的的整序，研究其阅读需要的规律，协调其同图书馆的关系，使文献流与读者流有机地结合起来，以使图书馆的文献资源和读者的智力资源得以有效开发的过程。狭义的读者服务，是指向读者宣传、推荐、检索和提供文献的工作，它是开发文献资源的重要手段，是图书馆联系读者的桥梁和纽带。

（二）读者工作意义

众所周知，读者需要是图书馆存在和发展的基础，没有读者需求，图书馆就没有了运行的动力，也就没有了本身发展壮大的理由。图书馆如果要赢得读者，巩固本身的社会地位，实现自身的社会效益，必须以满足读者需要为第一任务，以读者服务至上，并且要讲究服务效率，提高服务质量。读者工作的各项内容都是围绕读者服务工作开展的，同时读者工作的全部内容也受到读者服务工作的检验。因此，读者工作在图书馆整个工作中占有重要的地位。

（三）读者工作内容

读者工作的内容范围，随着近年的发展完善，已逐渐形成一个完整的工作内容体系，它主要包括以下几个方面。

1. 组织读者

组织读者是读者工作的第一步，是图书馆管理者对读者实施有效管理的组织措施。它包括发展读者、划分读者群和整序读者流。

2. 发展读者

发展读者是通过读者登记来实现的。读者登记工作是图书馆对读者进行调查研究、了解读者、联系读者的基础，是做好读者工作的前提。

3. 研究读者

研究读者是指研究读者的阅读规律，包括不同层次的读者在阅读需要、阅读目的、阅读过程上的特点及其规律。研究读者的目的是为了提高读者服务效益和读者阅读修养，因此，图书馆界学者把图书流通概括为"为人找书，为书找人"是有一定道理的。图书流通就是要让读者找到所需要的图书，让图书为适合的读者所使用。所以，研究读者是开展图书流通的基础。只有把握图书流通的规律，掌握读者的阅读需要，才能找出满足这些需要的方法和途径。

4. 读者需求分析

一般地说，不同层次的读者群对文献的需求是不同的。中老年科技工作者所需要的文献多为中外文科技资料和少量专著，其要求是"新""全"、"专""精"。青年科技工作者精力旺盛，对新事物比较敏感，图书馆应根据实际情况为他们推荐对口书刊。除此以外，读者在不同时期所需要的文献也是不同的，具有很强的时代性和阶段性。

研究读者，进行读者需求分析，有助于从总体上把握读者需要的特点和规律，研究读者的阅读动机，其目的不仅是为了提高服务的针对性，更重要的则在于对读者动机加以正确引导，对于高尚的、纯正的阅读动机，应充分地满足其需要；对于阅读动机不纯正的读者绝不能迁就，必须加强教育和引导，使其明辨是非，提高读者的阅读欣赏水平。

5. 组织各项服务活动

图书馆服务工作是指图书馆利用馆藏和获得的文献信息，采取多种方式向用户提供服务的一切活动。图书馆服务是图书馆工作的外在表现形式，是图书馆社会价值和最终目标的体现，也是图书馆中最具活力的工作。它包括优化读者服务方式、扩大读者服务范围、增加读者服务内容和提高读者服务水平几个方面。一个图书馆以何种方式服务于读者，主要取决于本馆的性质、规模和读者需求，而且还要随着图书馆的发展和读者需求的变化而不断变化。

目前，随着网络的普及和计算机技术在图书馆中的广泛应用，利用网络为读者提供服务已经成为图书馆的主要服务方向之一。图书馆的服务方式正在由传统的服务转向现代化服务。

6. 读者宣传辅导

宣传辅导是图书馆教育职能的体现。它包括宣传读者、辅导读者及培训读者三个方面的内容。

7. 组织管理工作

为了有效地开展读者工作，读者工作部门本身应进行科学的组织管理，包括岗位设置、人员配置、组织劳动分工、明确岗位责任、建立健全各项规章制度、合理组织辅助藏书、改进服务手段、完善服务体制等工作。

（四）读者的作用

1. 读者是图书馆知识交流中的关键要素

图书馆活动是传播社会知识和交流科学情报活动的一个组成部分。读者是图书馆知识交流作用的对象，是图书馆知识、情报传递链的终端环节，一切交流功能的充分发挥与否和交流效果所能达到的程度，既取决于交流的内容、交流的技术，更取决于读者对交流内容的要求、对知识或情报的吸收能力、读者素质以及读者运用这些知识或情报改善已有的知识结构，提高认识世界和强化解决实际问题的能力。因此，开展读者工作是提高交流效益的关键，读者是构成现代图书馆的要素，是图书馆之本。

2. 读者需求是促进图书馆发展的动力

读者需求具有个体性和群体性两个方面，每个读者的需求由于个体的素质和条件的不同，其心理特征各异，因而所寻求和指向的文献都具有各自鲜明的个性；但是任何读者又都具有共同的文化背景，一定范围内的读者大抵总处在一个相对固定的文化环境中，从事着同类型、同方向的研究任务，同一主题性质的实践活动，其知识吸取或科学交流的环境相同，方法类似，因而需求又具有极大的共同面。作为个体的读者的需求虽然千差万别，变化多端，表现为一种随机现象，是我们难以把握的，但是作为一个群体中的一员，他的需求总是与此一群体所处的特定环境条件、群体的共同特征——职业、教育、年龄、心理、实践经验等相联系着。各个读者群都有其共同的读者的文献需求、阅读倾向和选择利用的方式，这样就使群体内的读者的文献需求又具有客观确定性，只要我们掌握了各个读者群的共有倾向和共同特征，就可以找到读者工作的规律性，更好地为读者服务。所以对读者需求的研究要以对读者群需求的研究作为出发点，这种研究有利于从总体上改善为读者服务的目的。

3. 读者服务是衡量图书馆工作成绩的标志

读者服务工作，是图书馆直接满足读者需要的服务活动，是读者工作的主要组成部分。图书馆的业务活动按其性质划分，可分为两大类：一类是文献的搜集、整理、典藏和保管等；另一类是文献的传递和使用工作，如文献的外借、阅览、宣传辅导等，是图书馆的对外工作。这两类工作都是直接或间接为读者服务的，都是完成图书馆任务所不可缺少的一部分。评价一个图书馆的管理水平和服务效益，是以图书馆的文献被读者利用的程度和这些文献在读者中流通产生的效益为标准，而不是以图书馆的大小或藏书多少为尺度。每个图书馆搜集的文献质量如何、数量是否够用、分类和编目的组织工作是否科学，都需要在读者工作的实践中得到检验，读者服务工作是图书馆全部工作的外在表现，是衡量图书馆工作成绩的标志。

4. 读者教育是开拓图书馆潜在读者的重要手段

我们应该看到，图书馆虽然是社会知识交流功能至今尚未得到充分的发挥，即使是在图书馆事业较为发达的国家里，也程度不等地存在着这种现象。最明显的表现是，大量的居民只能说是图书馆的潜在读者，而非现实的利用者，或者仅仅是一个短暂时期的读者而非终生的使用者。图书馆还只能为占人口中比例不大的一部分人服务。所以，在网络环境新形势下，图书馆应该使被动形势的服务变成主动的、针对性强的服务，以其有效的服务更多地参与社会知识交流和情报信息的传递过程，以吸引那些潜在的读者乐意使用图书馆资源。

对于图书馆来说，把潜在的读者扩大为现实的读者，重视对社会成员的知识再教育和情报传递，是充分发挥图书馆的知识交流功能的一项十分重要的任务，如果图书馆不为多数人提供服务，则事业的基础将是脆弱的。同样，加强图书馆的教育职能，重视新知识信息的交流，为国民经济建设和科学技术发展服务，扩大图书馆传统读者中情报用户的比重，则是图书馆现代生命力的体现，它不仅标志着图书馆工作向更高层次的发展，也是适应了信息时代发展的需要。

三、图书馆读者和读者服务工作

图书馆读者是一个特指的概念，通常是指具有文献需求和阅读能力，并充分利用图书馆资源的个体和社会团体。它是一个特定范围的读者，是社会读者中最为活跃的一部分。图书馆读者是图书馆服务的对象，图书馆的一切业务活动，都是以组织和指导读者的阅读活动为目的的。

（一）读者类型

读者类型是图书馆读者结构中的基本构成因素。图书馆有多种多样的读者群，形成了各种不同类型的读者，并且具有各自的特征。这些特征形成了读者的社会经历与社会生活地位，体现了读者特定的文献需求和阅读行为。为了更深入地研究读者，掌握读者阅读需求规律，更好地满足各类读者需求，就要将结构复杂的读者队伍，按照某种标准进行区分和组织。由于读者阅读需求和阅读能力千差万别，其社会职业、文化程度各不相同。因此应采用不同的划分标准来区分读者类型。

1. 个人读者类型

个人读者是图书馆读者队伍的主要读者类型，是以个人为单位独立利用图书馆资源的社会成员。它通常又可以根据读者的结构特征划分为多种不同特点的个人读者。个人读者主要有以下几种类型：少年儿童读者、大学生读者、科技工作者读者、教师读者、公务员读者、工人读者、农民读者、军人读者、居民读者、残疾人读者。

2. 集体读者类型

集体读者是指以一定的组织形式利用图书馆资源的读者。集体读者最突出的一个特点，就是具有共同的需要和阅读方式。各类型图书馆都有不同形式的集体读者，如公共图书馆的读者小组、借书小组、自学小组等；高等学校图书馆的学生小组、教材编写小组等；科研单位图书馆的科学研究小组等。

3. 单位读者类型

单位读者是指以固定机构为单位利用图书馆资源的读者。单位读者通常包括三种类型：图书馆固定的服务单位、图书馆的分支机构、建立了馆际互借关系的图书馆。

4. 临时读者类型

临时读者是指偶尔到图书馆进行借阅活动的编外读者。凡无本馆借阅证件,或无正式关系而临时利用图书馆资源的读者,均属于临时读者,包括任何个人读者、集体读者或单位读者在内。

(二)读者服务

1. 文献借阅服务

借阅服务是图书馆的主要服务内容,是图书馆工作的前哨,借阅服务质量的高低直接反映了图书馆的工作水平。

(1)外借服务。

外借服务是指图书馆将部分文献让读者借出馆外,满足他们馆外阅读的一种服务方式。采用外借方式读者根据自己的需要挑选书刊,对借到的文献妥善保管并充分利用,在规定的期限内归还,而后还可以借阅另外一些书刊。外借服务是图书馆的一项基本内容,是最经常、最大量的服务工作,它是读者利用图书馆中各项文献的主要渠道,它是文献传播的主要窗口。

(2)文献阅览服务。

阅览服务是图书馆的一项重要的服务内容,是图书馆工作重点之一,是读者利用书刊资料进行学习和科学研究的重要形式。大力开展阅览服务,可以提高馆藏文献利用率;同时在阅览室中,读者还可以得到工作人员的辅导和各种帮助。

2. 参考咨询服务

参考咨询是图书馆帮助读者检索文献和搜求信息的服务方式,图书馆参考咨询人员针对读者提出的疑难问题,利用参考工具、检索文献及有关书刊,帮助查寻或直接提供有关文献及文献知识、文献线索,用个别解答的方式为读者服务。咨询服务的类型按读者所提问题的性质可分为事实性咨询、方法性咨询与专题性咨询三种类型。

咨询服务的实质是直接或间接地帮助读者解决对所需文献或

某一方面知识了解不足、掌握不够的困难。读者在科研、教学、学习、生产或写作过程中，往往会遇到一些与利用文献有关的疑难问题，所以，借助图书馆把自己的需要与某种情报源联系起来，得到文献的提供或参考答案，对于读者来说是非常必要的。

四、适应图书馆的发展，提高在职人员素质

图书馆工作人员是联系图书馆与读者之间的桥梁与纽带。在图书馆诸要素中，人是最重要的决定因素，它决定了图书馆的生存与发展，因而图书馆工作人员的素质高低直接影响图书馆的一切工作，影响图书馆读者服务工作的质量。随着现代化技术在图书馆领域中的广泛使用，图书馆的各项工作对工作人员的素质提出了更高的要求。如何提高自身素质，成为摆在每个图书馆员面前的头等大事。

（一）采取切实可行的措施做好在职人员继续教育工作

在知识爆炸、知识更新周期缩短、现代化技术突飞猛进的今天，我们每个人都面临着知识更新的问题。那么如何做好这方面的工作呢？首先应对每个在职人员的知识现状逐个了解，在深入了解的基础上分别做出每个在职人员的继续教育计划，并组织实施。其次是对在职人员的继续教育内容进行周密的安排，要根据每个在职人员的知识结构逐个安排。再次，做好在职人员继续教育的检查督促工作。

（二）加强在职人员的职业道德教育

图书馆的读者服务工作本身很难出成果，只能替读者解答问题，提供咨询，帮助读者查找资料，为读者服务，也就是说图书馆的读者服务工作是为读者做嫁衣。工作人员要做好这看似简单又难以出成绩的工作，一定要有崇高的职业道德和为读者服务的精神，同时还应不断学习，提高自身的思想道德品质。只有这

样,才能热爱图书馆的读者服务工作,才能关心读者,急读者之所急,想读者之所想,做读者的知心朋友,才能把图书馆的读者服务工作做好。因此,图书馆员必须有甘为人梯的无私奉献精神。

综上所述,想要利用好图书馆,使它更好地为读者服务,就必须在图书馆建设上跟上时代要求,使信息技术应用到图书管理上,要有一支高素质的图书馆员队伍。有了现代管理手段和能胜任现代手段的管理人才,才能使图书馆这个知识宝库发挥应有的作用。

思考题:

1. 如何为读者服务?
2. 读者如何利用图书馆?

参考文献

1. 徐军玲,洪江龙.科技文献检索[M].上海:复旦大学出版社,2004.
2. 腾胜娟,蓝曦.现代科技信息检索[M].北京:中国纺织出版社,2007.
3. 刘红光,周金元.科技信息检索与利用[M].南京:东南大学出版社,2004.
4. 时雪峰,陈萍秀,刘艳磊.科技文献信息检索与利用[M].北京:清华大学出版社,交通大学出版社,2007.
5. 周文荣.信息资源检索与利用[M].北京:化学工业出版社.
6. 张清华.信息(情报)检索基础教程[M].北京:中国林业出版社.
7. 孙建军,成颖.信息检索技术[M].北京:科学出版社,2004.
8. 王丰.国内中文搜索引擎研究[J].网络通信与安全,2007(8).
9. 冯惠玲.信息检索教程[M].北京:中国人民大学出版社,2004.
10. 武汉大学图书馆本书编写组.中文工具书使用法[M].北京:商务印书馆,1984.
11. 《全国报刊索引数据库镜像站用户检索指南》[M].
12. 《中国期刊全文数据库使用说明》[M].